KB033777

70패턴

인도네시아어로 쉽게 말하기

70패턴 인도네시아어로 쉽게 말하기

초판 1쇄 인쇄 2021년 3월 31일
초판 1쇄 발행 2021년 4월 10일

지은이 남효민
발행인 임충배
편집 김민수
디자인 정은진
홍보/마케팅 이총석
영상 편집 김성현, 김다슬
펴낸곳 도서출판 삼육오 (PUB.365)
제작 (주)피앤엠123

출판신고 2014년 4월 3일
등록번호 제406-2014-000035호

경기도 파주시 산남로 183-25
TEL 031-946-3196 / FAX 031-946-3171
홈페이지 www.pub365.co.kr

ISBN 979-11-90101-45-5 13730

70패턴 인도네시아어로 쉽게 말하기

남효민 지음

입문 초급 중급 고급

Pub.365

들어가며

이 책은 인도네시아어를 처음 시작하거나, 인도네시아어로 말하기에 가속도를 붙여 자연스럽고 유창해 보일 수 있도록 문장의 길이를 확장시켜 나가고자 하시는 분들을 위한 책입니다. 인도네시아어의 문법은 다른 언어에 비해 간단하고 문장의 구조가 유동적인 편이기 때문에 일상생활에서 많이 사용하는 단어나 숙어 등을 기준으로 반복되는 패턴만 익힌다면 기초 수준에서 인도네시아어로 현지인과 대화를 나누는데 아무런 어려움이 없으실 것이라 확신합니다.

<70패턴 인도네시아어로 쉽게 말하기>는 총 70가지 패턴으로 이루어져 있으며, 이 중 30개의 패턴으로 이루어진 [마따 편]은 핵심문장을 의문문, 부정문, 진행문 등으로 바꿔보면서 확실하게 익히는 연습을 할 수 있도록 구성하였고, 40개의 패턴으로 이루어진 [하리 편]은 핵심문장에 단어와 의미를 덧붙여 확장시키는 연습을 통해 기초 수준에서도 풍부한 인도네시아어를 구사할 수 있도록 준비하였습니다.

인도네시아어로 matahari[마따하리]는 '해, 태양'을 뜻합니다. 이 책의 제목은 인도네시아어를 어떻게 시작할지 몰라 움츠러든 분들에게 희망의 빛과 같은 역할을 하겠다는 의지와, 우리말 "맞다하리"와 발음이 비슷하기도 하여 이 책으로 이렇게 공부를 시작하는 것이 "맞다"는 한국식 의미가 포함되어 있습니다.

마지막으로 이 책을 쓰는 데 도움을 주신 많은 분들께 감사드리며 늘 제 옆에서 힘이 되어 주시는 이중율 씨에게 이 영광을 돌립니다.

이 책의 특징

1. 맞다하리!(mata+hari) 70패턴으로 배우기

핵심문장을 익히는 마따 편, 확장연습을 해보는 하리 편으로 구성되어 패턴과 어휘를 익히고 기초를 다질 수 있습니다.

2. 인도네시아어 동영상 강의 무료 제공(QR코드)

인도네시아어의 기초를 무료 제공 동영상으로 쉽게 배우세요. 짧고, 굵은 인도네시아 기초 수업을 제공해드립니다.

3. 다양한 부가 학습자료 무료 제공

인도네시아어 단어장은 물론 원어민 성우의 패턴 훈련용 MP3 파일을 홈페이지에서 무료로 제공해드립니다.

4. 70개 패턴을 복습하고 또 연습하기

실전 연습 문제를 통해 인도네시아어를 직접 써보며 여행을 가서도 간단히 활용할 수 있는 다양한 상황 회화를 익힙니다.

학습 방법

70개의 핵심 패턴을 익히고 의미와 어휘를 확장하며 집중적으로 학습할 수 있도록 구성되어 있습니다.

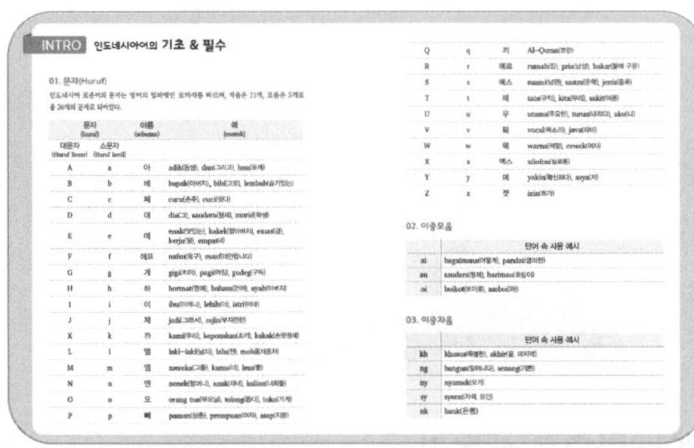

STEP 1

인도네시아어 70개 패턴 기초 회화를 본격적으로 학습하기 전에 먼저 가장 기본적으로 짚고 넘어가야 할 인도네시아의 문자, 숫자, 날짜, 가족 호칭 등의 필수 내용을 배울 수 있습니다.

* 기초 동영상 강의 무료 제공(QR코드)

STEP 2

1~30챕터 'mata 편'에서는 30가지 핵심 패턴이 어떻게 다양하게 활용될 수 있는지 여러 가지로 변화된 문장의 형태를 확인할 수 있습니다. 패턴을 확실하게 익히기 위해 연습에 연습을 거듭합니다.

* 18페이지 MP3 파일 QR코드 링크

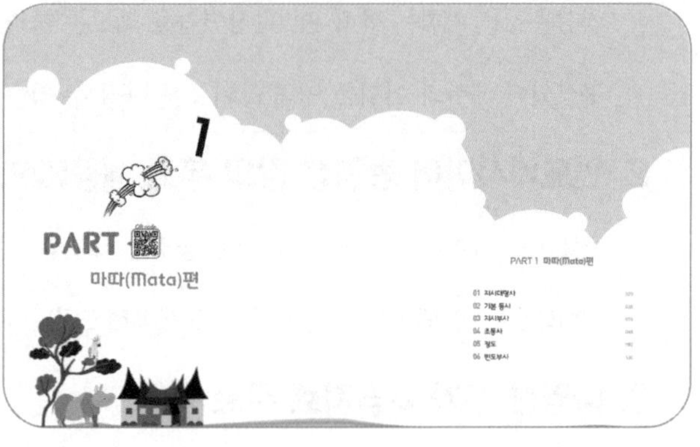

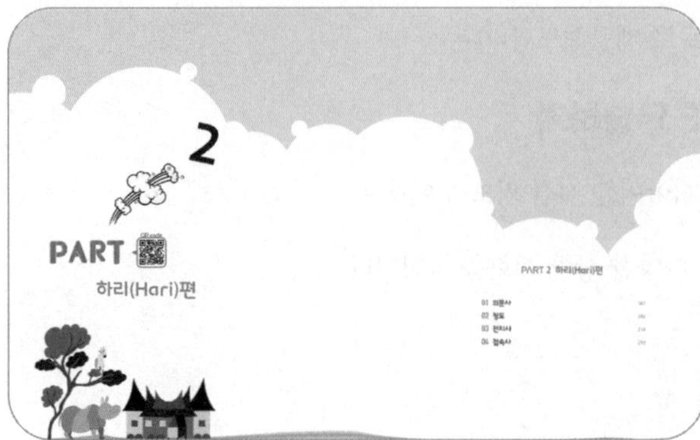

STEP 3

31~70챕터 'hari 편'에서는 40가지 핵심 문장에 단어와 의미를 덧붙여 확장시키는 연습을 해볼 수 있도록 구성했습니다. 더욱 다양한 어휘 활용을 통해 인도네시아어 기초 학습을 심화할 수 있습니다.

* 140페이지 MP3 파일 QR코드 링크

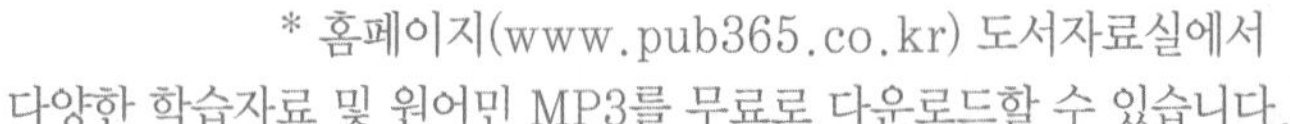

* 홈페이지(www.pub365.co.kr) 도서자료실에서
다양한 학습자료 및 원어민 MP3를 무료로 다운로드할 수 있습니다.

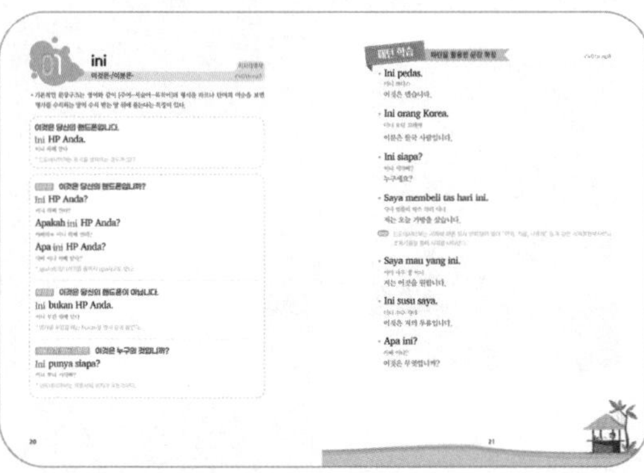

STEP 4

각 챕터마다 주어지는 핵심 문장을 확인하고 패턴을 꽉 잡아주는 설명도 읽습니다. 패턴학습은 실생활에서 사용할 수 있는 친근한 문장들로 구성되어 쉽게 익히고 따라 할 수 있습니다. 원어민 음성을 듣고 꼭! 소리 내어서 읽으며 연습합니다.

* 원어민 음성 무료 다운로드(홈페이지)

STEP 5

앞서 배웠던 일곱 가지 패턴을 확인하고 복습하는 단계입니다. 한글을 읽고 그에 알맞은 인도네시아어 패턴 문장을 직접 써넣어 봅니다. 그다음 실전 연습을 통해서도 한층 더 응용된 패턴 문장을 써넣어 봅니다.

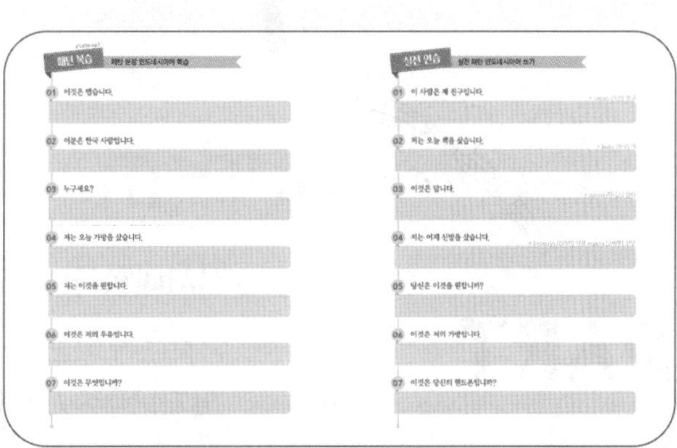

STEP 6

패턴 복습과 실전 연습 문제의 답은 책의 뒷부분에 마련되어 있습니다. 답을 알맞게 기입했는지 보고 새롭게 등장한 단어는 참고하여 익힙니다. 또한 홈페이지에는 기초 학습용 단어노트도 준비되어 있습니다.

목차

INTRO 인도네시아어의 기초&필수

PART 1 마따(Mata) 편

지시대명사

01 이것은~/이분은~ ini 20

02 그(저)것은~/그(저)분은 itu 24

기본 동사

03 ~이다 adalah 28

04 ~있다 ada 32

지시부사

05 여기 sini 36

06 저기 sana 40

07 거기 situ 44

조동사

08 해야 합니다 harus 48

09 –할 것입니다 akan 52

10 –할 수 있습니다 bisa 56

11 –해도 됩니다 boleh 60

12 –원합니다 mau 64

13 –필요합니다 perlu 68

14 –하는 중입니다 sedang 72

15 (이미) 했습니다 sudah 76

16 여전히/아직도–합니다 masih 80

17 –한 적 있습니다 pernah 84

18 막 – 했습니다 baru 88

정도

19 부족하다 kurang 92

20 충분하다 cukup 96

21 너무 terlalu 100

22 매우/아주 sangat 104

23 가장 paling 108

24 모든 semua 112

25 몇몇의 beberapa 116

빈도부사

26 항상 selalu 120

27 가끔 kadang-kadang 124

28 보통 biasanya 128

29 전혀/한 번도 하지 않는 tidak(belum) pernah 132

30 자주 sering 136

PART 2

하리(Hari) 편

의문사

31 누구 siapa 142
32 언제 kapan 146
33 무엇을 apa 150
34 어떻게 bagaimana 154
35 어느 mana 158
36 왜 mengapa 162
37 얼마나 berapa 166
38 몇 시 Jam berapa 170
39 몇 시간 berapa jam 174
40 며칠에 tanggal berapa 178
41 며칠 동안 berapa hari 182
42 몇 년도에 tahun berapa 186
43 몇 년 동안 berapa tahun 190
44 몇 월 bulan apa 194
45 몇 개월 berapa bulan 198

정도

46 아마도 mungkin 202
47 대략/약 sekitar 206
48 많다 banyak 210
49 적다 sedikit 214

전치사

50 ~에서 di 218
51 ~로 ke 222
52 ~로부터 dari 226
53 ~위해서 untuk 230
54 ~까지 sampai 234
55 ~와 함께 dengan 238
56 ~처럼 seperti 242
57 에(시간) pada 246

접속사

58 그리고 dan 250
59 그러고 나서 kemudian 254
60 또는 atau 258
61 그러나 tetapi 262
62 그럼에도 불구하고 walaupun 266
63 ~한 후에 setelah 270
64 ~하는 동안 selama 274
65 ~하기 전에 sebelum 278
66 ~하면서 sambil 282
67 ~할 때 ketika 286
68 ~라면 jika 290
69 그래서 jadi 294
70 왜냐하면 karena 298

\- 정답 302

INTRO

인도네시아어의 기초 & 필수

INTRO 인도네시아어의 기초 & 필수

01 문자

02 이중모음

03 이중자음

04 숫자

05 월

06 요일

07 인칭대명사

08 가족

INTRO 인도네시아어의 기초 & 필수

01. 문자(Huruf)

인도네시아 표준어의 문자는 영어의 알파벳인 로마자를 따르며, 자음은 21개, 모음은 5개로 총 26개의 문자로 되어있다.

문자 (huruf)		이름 (sebutan)	예 (contoh)
대문자 (Huruf Besar)	소문자 (Huruf kecil)		
A	a	아	adik(동생), dan(그리고), lusa(모레)
B	b	베	bapak(아버지), bibi(고모), lembab(습기있는)
C	c	쩨	cucu(손주), cuci(씻다)
D	d	데	dia(그), saudara(형제), murid(학생)
E	e	에	enak(맛있는), kakek(할아버지), emas(금), kerja(일), empat(4)
F	f	에프	nafsu(욕구), maaf(미안합니다)
G	g	게	gigi(치아), pagi(아침), gudeg(구득)
H	h	하	hormat(명예), bahasa(언어), ayah(아버지)
I	i	이	ibu(어머니), lebih(더), istri(아내)
J	j	제	jadi(그래서), rajin(부지런한)
K	k	까	kami(우리), keponakan(조카), kakak(손윗형제)
L	l	엘	laki-laki(남자), lalu(전), mobil(자동차)
M	m	엠	mereka(그들), kamu(너), lem(풀)
N	n	엔	nenek(할머니), anak(자녀), kalian(너희들)
O	o	오	orang tua(부모님), tolong(돕다), toko(가게)
P	p	뻬	paman(삼촌), prempuan(여자), atap(지붕)

Q	q	끼	Al–Quran(코란)
R	r	에르	rumah(집), pria(남성), bakar(불에 구운)
S	s	에스	suami(남편), sastra(문학), jenis(종류)
T	t	떼	tata(규칙), kita(우리), sakit(아픈)
U	u	우	utama(주요한), turun(내리다), aku(나)
V	v	풰	vocal(목소리), java(자바)
W	w	웨	warna(색깔), cewek(여자)
X	x	엑스	xilofon(실로폰)
Y	y	예	yakin(확신하다), saya(저)
Z	z	젯	izin(허가)

02. 이중모음

	단어 속 사용 예시
ai	bagaimana(어떻게), pandai(영리한)
au	saudara(형제), harimau(호랑이)
oi	boikot(보이콧), amboi(와!)

03. 이중자음

	단어 속 사용 예시
kh	khusus(특별한), akhir(끝, 마지막)
ng	bangun(일어나다), senang(기쁜)
ny	nyamuk(모기)
sy	syarat(자격, 요건)
nk	bank(은행)

04. 숫자

0	nol, kosong	16	enam beals	120	seratus dua puluh
1	satu	17	tujuh belas	200	dua ratus
2	dua	18	delapan belas	300	tiga ratus
3	tiga	19	sembilan belas	1.000	seribu
4	empat	20	dua puluh	2.000	dua ribu
5	lima	21	dua puluh satu	10.000	sepuluh ribu
6	enam	30	tiga puluh	20.000	dua puluh ribu
7	tujuh	40	empat puluh	100.000	seratus ribu
8	delapan	50	lima puluh	200.000	dua ratus ribu
9	sembilan	60	enam puluh	1.000.000	satu juta / sejuta
10	sepuluh	70	tujuh puluh	2.000.000	dua juta
11	sebelas	80	delapan puluh	10.000.000	sepuluh juta
12	dua belas	90	sembilan puluh	20.000.000	dua puluh juta
13	tiga belas	100	seratus	100.000.000	seratus juta
14	empat belas	101	seratus satu	200.000.000	dua ratus juta
15	lima belas	111	seratus sebelas	1.000.000.000	satu miliar

:: 천 단위 구분 표시로 쉼표가 아닌 마침표를 찍는다.
:: 소수점 자리 표시로 마침표가 아닌 쉼표를 사용한다.

05. 월

1월	Januari	2월	Februari	3월	Maret
4월	April	5월	Mei	6월	Juni
7월	Juli	8월	Agustus	9월	September
10월	Oktober	11월	November	12월	Desember

06. 요일

월요일	화요일	수요일	목요일	금요일	토요일	일요일
Hari Senin	Hari Selasa	Hari Rabu	Hari Kamis	Hari Jumat	Hari Sabtu	Hari Minggu

* 요일 명 앞에는 hari를 붙이고 요일 명은 대문자로 시작해야 한다.

07. 인칭대명사

	1인칭		2인칭		3인칭	
단수	saya	저	Anda	당신	beliau	(그/이) 분
	aku	나	kamu	너	dia	그/그녀
			engkau / kau	너, 자네, 그대		
복수	kita	우리 (청자 포함)	Anda sekalian Anda semua	여러분들	beliau sekalian	그분들
	kami	우리 (청자 제외)	kalian kamu sekalian kamu semua	너희들	mereka	그들

08. 가족(Keluarga)

할아버지	kakek	할머니	nenek
아버지	bapak/ayah	어머니	ibu
삼촌	paman	이모/고모/숙모	tante
아들	anak laki-laki	딸	anak perempuan
손주	cucu	사촌	sepupu
조카	keponakan		

1

PART

마따(Mata) 편

PART 1 마따(Mata) 편

01 지시대명사 020

02 기본 동사 028

03 지시부사 036

04 조동사 048

05 정도 092

06 빈도부사 120

ini

이것은-/이분은-

지시대명사

01b.mp3

• 기본적인 문장구조는 영어와 같이 [주어–서술어–목적어]의 형식을 따르나 단어의 어순을 보면 명사를 수식하는 말이 수식 받는 말 뒤에 붙는다는 특징이 있다.

이것은 당신의 핸드폰입니다.

Ini HP Anda.

이니 하뻬 안다

* 인도네시아어는 동사를 생략하는 경우가 많다.

의문문 **이것은 당신의 핸드폰입니까?**

Ini HP Anda?

이니 하뻬 안다?

Apakah ini HP Anda?

아빠까ㅎ 이니 하뻬 안다?

Apa ini HP Anda?

아빠 이니 하뻬 안다?

* apakah(입니까?)를 줄여서 apa라고도 한다.

부정문 **이것은 당신의 핸드폰이 아닙니다.**

Ini bukan HP Anda.

이니 부깐 하뻬 안다

* 명사를 부정할 때는 bukan을 명사 앞에 붙인다.

의문사가 있는 의문문 **이것은 누구의 것입니까?**

Ini punya siapa?

이니 뿌냐 시아빠?

* 인도네시아어는 의문사의 위치가 유동적이다.

패턴 학습 패턴을 활용한 문장 확장

01p.mp3

- **Ini pedas.**

  이니 쁘다스

  이것은 맵습니다.

- **Ini orang Korea.**

  이니 오랑 꼬레아

  이분은 한국 사람입니다.

- **Ini siapa?**

  이니 시아빠?

  누구세요?

- **Saya membeli tas hari ini.**

  사야 멈블리 따스 하리 이니

  저는 오늘 가방을 샀습니다.

exp 인도네시아어는 시제에 따른 동사 변화형이 없어 "아까, 지금, 나중에" 등과 같은 시제표현부사어나 조동사들을 통해 시제를 나타낸다.

- **Saya mau yang ini.**

  사야 마우 양 이니

  저는 이것을 원합니다.

- **Ini susu saya.**

  이니 수수 사야

  이것은 저의 우유입니다.

- **Apa ini?**

  아빠 이니?

  이것은 무엇입니까?

01p.mp3

패턴 복습

패턴 문장 인도네시아어 복습

01 이것은 맵습니다.

02 이분은 한국 사람입니다.

03 누구세요?

04 저는 오늘 가방을 샀습니다.

05 저는 이것을 원합니다.

06 이것은 저의 우유입니다.

07 이것은 무엇입니까?

실전 연습 실전 패턴 인도네시아어 쓰기

01 이 사람은 제 친구입니다.

* teman [뜨만] 친구

02 저는 오늘 책을 샀습니다.

* buku [부꾸] 책

03 이것은 답니다.

* manis [마니스] 달다

04 저는 어제 신발을 샀습니다.

* kemarin [끄마린] 어제 sepatu [스빠뚜] 신발

05 당신은 이것을 원합니까?

06 이것은 저의 가방입니다.

07 이것은 당신의 핸드폰입니까?

itu

지시대명사

그(저)것은-/그(저)분은

02b.mp3

• ini, itu와 같은 지시대명사는 사람, 사물, 동물 등을 가리킬 때 사용할 수 있다. ini는 가까운 곳에 있는 것 또는 사람을 지칭할 때 쓰이는 반면 itu는 먼 곳에 있는 것을 가리킬 때 사용한다.

저것은 병원입니다.

Itu rumah sakit.

이뚜 루마ㅎ 사낏

의문문 **그것은 병원입니까?**

Itu rumah sakit?

이뚜 루마ㅎ 사낏?

Apakah itu rumah sakit?

아빠까ㅎ 이뚜 루마ㅎ 사낏?

Apa itu rumah sakit?

아빠 이뚜 루마ㅎ 사낏?

부정문 **그것은 병원이 아닙니다.**

Itu bukan rumah sakit.

이뚜 부깐 루마ㅎ 사낏

의문사가 있는 의문문 **그것은 무엇입니까?**

Apa itu?

아빠 이뚜?

패턴 학습 패턴을 활용한 문장 확장

02p.mp3

- **Itu sepatu saya.**
  이뚜 스빠뚜 사야
  그것은 저의 신발입니다.

- **Baju itu ukuran S.**
  바주 이뚜 우꾸란 에스
  그 옷은 S 사이즈입니다.

- **Waktu itu, saya merasa sedih.**
  왁뚜 이뚜, 사야 므라사 스디ㅎ
  그때, 저는 슬펐습니다.

- **Itu keponakan saya.**
  이뚜 끄뽀나깐 사야
  저 사람은 저의 조카입니다.

- **Wanita itu pembantu kami.**
  와니따 이뚜 뻠반뚜 까미
  저 여자는 우리의 가정부입니다.

- **Apa itu?**
  아빠 이뚜?
  그것은 무엇입니까?

- **Siapa itu?**
  시아빠 이뚜?
  저 사람은 누구입니까?

02p.mp3

패턴 복습 패턴 문장 인도네시아어 복습

01 그것은 저의 신발입니다.

02 그 옷은 S 사이즈입니다.

03 그때, 저는 슬펐습니다.

04 저 사람은 저의 조카입니다.

05 저 여자는 우리의 가정부입니다.

06 그것은 무엇입니까?

07 저 사람은 누구입니까?

실전 연습 실전 패턴 인도네시아어 쓰기

01 그것은 저의 가방입니다.

02 그 옷은 M 사이즈입니다.

M [엠] 95사이즈

03 그때, 저는 기뻤습니다.

bahagia [바하기아] 기쁜

04 저 사람은 저의 사촌입니다.

sepupu [스뿌뿌] 사촌

05 저 남자는 우리의 경비입니다.

pria [쁘리아] 남자 satpam [삿빰] 경비

06 그 동물은 무엇입니까?

binatang [비나땅] 동물

07 저 물건은 무엇입니까?

barang [바랑] 물건

03 adalah

-이다

기본 동사

03b.mp3

• [-이다]라는 의미의 adalah는 명사와 함께 쓰이는 서술어이며 형용사와 함께 쓰일 수 없다는 특징이 있다. 보통 구어체에서는 생략되며 부정어 'tidak' 또는 'bukan'과 함께 쓰이지 않는다.

이것은 책입니다.

Ini adalah buku.

이니 아달라ㅎ 부꾸

의문문 **이것은 책입니까?**

Ini adalah buku?

이니 아달라ㅎ 부꾸?

Apakah ini buku?

아빠까ㅎ 이니 부꾸?

Apa ini buku?

아빠 이니 부꾸?

의문사가 있는 의문문 **이 책은 무엇에 대한 것입니까?**

Buku ini tentang apa?

부꾸 이니 뜬땅 아빠?

부정문 **이것은 책이 아닙니다.**

Ini bukan buku.

이니 부깐 부꾸

패턴 학습 패턴을 활용한 문장 확장

03p.mp3

- **Itu adalah Ibu saya.**
  이뚜 아달라ㅎ 이부 사야
  저분은 저의 어머니이십니다.

- **Ibu saya adalah doktor.**
  이부 사야 아달라ㅎ 독떠르
  저의 어머니는 의사입니다.

- **Dia adalah ayah saya.**
  디아 아달라ㅎ 아야ㅎ 사야
  그는 저의 아버지입니다.

- **Ia adalah gadis cantik.**
  이아 아달라ㅎ 가디스 짠띡
  그녀는 예쁜 여자입니다.

- **Saya adalah guru bahasa Indonesia.**
  사야 아달라ㅎ 구루 바하사 인도네시아
  저는 인도네시아어 선생님입니다.

- **Ini adalah mobil.**
  이니 아달라ㅎ 모빌
  이것은 자동차입니다.

- **Mereka adalah teman.**
  머레까 아달라ㅎ 뜨만
  그들은 친구입니다.

03p.mp3

패턴 복습

패턴 문장 인도네시아어 복습

01 저분은 저의 어머니이십니다.

02 저의 어머니는 의사입니다.

03 그는 저의 아버지입니다.

04 그녀는 예쁜 여자입니다.

05 저는 인도네시아어 선생님입니다.

06 이것은 자동차입니다.

07 그들은 친구입니다.

실전 연습 실전 패턴 인도네시아어 쓰기

01 저분은 저의 아버지이십니다.

ayah [아야ㅎ] 아버지

02 저의 어머니는 간호사입니다.

suster [수스떠르] 간호사

03 그는 저의 할아버지입니다.

kakek [까껙] 할아버지

04 그는 잘생긴 남자입니다.

ganteng [간뜽] 잘생긴

05 저는 영어 선생님입니다.

Inggris [잉그리스] 영어

06 이것은 의자입니다.

kursi [꾸르시] 의자

07 그들은 대학생입니다.

mahasiswa [마하시스와] 대학생

ada

-있다

기본 동사

04b.mp3

• [-있다]라는 의미의 ada는 보통 [전치사+명사]로 이루어진 부사구와 함께 쓰이며 구어체에서는 생략되는 경우가 많다. 부정문을 만들 때는 부정어 tidak을 ada 앞에 붙여 사용한다.

저의 어머니는 부엌에 계십니다.

Ibu saya ada di dapur.

이부 사야 아다 디 다뿌르

진행 저의 어머니는 지금 부엌에 계십니다.

Ibu saya sedang ada di dapur.

이부 사야 스당 아다 디 다뿌르

구어체 진행 저의 어머니는 지금 부엌에 계십니다.

Ibu saya lagi ada di dapur.

이부 사야 라기 아다 디 다뿌르

부정문 저의 어머니는 부엌에 없습니다.

Ibu saya tidak ada di dapur.

이부 사야 띠닥 아다 디 다뿌르

* 동사나 형용사를 부정할때는 tidak을 동사나 형용사 앞에 쓴다.

구어체 부정문 저의 어머니는 부엌에 없습니다.

Ibu saya gak ada di dapur.

이부 사야 응각 아다 디 다뿌르

* enggak을 줄여서 nggak 또는 gak이라고도 한다.

의문문 저의 어머니께서는 어디에 계시나요?

Ibu saya ada di mana?

이부 사야 아다 디 마나?

패턴 학습 패턴을 활용한 문장 확장

04p.mp3

- **Kucing saya ada di bawah meja.**
  꾸찡 사야 아다 디 바와ㅎ 메자
  저의 고양이는 책상 아래에 있습니다.

- **Suami Anda ada di kantornya.**
  수아미 안다 아다 디 깐또르냐
  당신의 남편은 그의 사무실에 있습니다.

exp 명사 뒤에 -nya를 붙이면 2, 3인칭의 소유격을 나타내거나 정해진 것을 가리킨다.

- **Mereka ada di dalam kolam renang.**
  머레까 아다 디 꼴람 르낭
  그들은 수영장 안에 있습니다.

- **Saya ada pertanyaan.**
  사야 아다 뻐르따냐안
  저는 질문이 있습니다.

- **Di atas meja ada banyak uang.**
  디 아따스 메자 아다 바냑 우앙
  책상 위에 많은 돈이 있다

- **Ada apa?**
  아다 아빠?
  무슨 일인가요?

- **Siapa yang ada?**
  시아빠 양 아다?
  누가 있나요?

04p.mp3

패턴 복습

패턴 문장 인도네시아어 복습

01 저의 고양이는 책상 아래에 있습니다.

02 당신의 남편은 그의 사무실에 있습니다.

03 그들은 수영장 안에 있습니다.

04 저는 질문이 있습니다.

05 책상 위에 많은 돈이 있다.

06 무슨 일인가요?

07 누가 있나요?

실전 연습
실전 패턴 인도네시아어 쓰기

01 저의 개는 의자 아래에 있습니다.

anjing [안징] 강아지

02 당신의 부인은 그녀의 사무실에 있습니다.

istri [이스뜨리] 부인

03 그들은 학교에 있습니다.

sekolah [스꼴라ㅎ] 학교

04 저기에 물이 있다.

air [아이르] 물

05 여기에 많은 음식이 있다.

makanan [마깐안] 음식

06 저의 어머니는 부엌에 계십니다.

07 어머니는 어디에 계시나요?

sini

여기

지시 부사

05b.mp3

• 화자로부터 가까운 위치를 가리킬 때 사용하는 장소부사 sini는 보통 [~로, ~에, ~로부터] 등을 뜻하는 전치사 [ke, di, dari] 등을 sini 앞에 위치시켜 함께 사용한다.

여기에 칫솔이 있습니다.

Di sini ada sikat gigi.

디 시니 아다 시깟 기기

어순이 바뀐 또 다른 평서문 칫솔이 여기에 있습니다.

Sikat gigi ada di sini.

시깟 기기 아다 디 시니

* 강조하고자 하는 것이 무엇이냐에 따라 어순이 바뀐다.

부정문 여기에 칫솔이 없습니다.

Di sini tidak ada sikat gigi.

디 시니 띠닥 아다 시깟 기기

구어체 부정문 여기에 칫솔이 없습니다.

Di sini nggak ada sikat gigi.

디 시니 응각 아다 시깟 기기

의문문 여기에 칫솔이 있습니까?

Di sini ada sikat gigi?

디 시니 아다 시깟 기기?

의문사가 있는 의문문 칫솔은 어디에 있습니까?

Sikat gigi ada di mana?

시깟 기기 아다 디 마나?

패턴 학습 패턴을 활용한 문장 확장

05p.mp3

- **Tunggu di sini.**
  뚱구 디 시니
  여기에서 기다려.

- **Makanan di sini terkenal.**
  마깐안 디 시니 떠르끄날
  이곳의 음식은 유명하다.

- **Kamar kecil ada di sini.**
  까마르 끄찔 아다 디 시니
  화장실은 여기에 있다.

- **Yang ada di sini adalah mobilnya.**
  양 아다 디 시니 아달라ㅎ 모빌냐
  여기에 있는 것은 그의 자동차입니다.

- **Restoran itu jauh dari sini.**
  레스또란 이뚜 자우ㅎ 다리 시니
  그 식당은 여기에서 멉니다.

- **Di sini ada apa?**
  디 시니 아다 아빠?
  여기에 무엇이 있나요?

- **Ke sini.**
  끄 시니
  이리 오세요.

05p.mp3

패턴 복습 패턴 문장 인도네시아어 복습

01 여기에서 기다려.

02 이곳의 음식은 유명하다.

03 화장실은 여기에 있다.

04 여기에 있는 것은 그의 자동차입니다.

05 그 식당은 여기에서 멉니다.

06 여기에 무엇이 있나요?

07 이리 오세요.

실전 연습 실전 패턴 인도네시아어 쓰기

01 칫솔은 여기에 있다.

02 이곳은 유명하다.

03 식당은 여기에 있다.

04 여기에 있는 것은 그의 수건입니다.

handuk [한둑] 수건

05 그 집은 여기에서 멉니다.

rumah [루마ㅎ] 집

06 여기에 화장실이 있나요?

07 여기로 와봐.

coba [쪼바] ~해보다, 시도하다

sana

저기

지시 부사

06b.mp3

• [저기]라는 의미의 sana는 화자와 청자 모두에게 멀리 있는 것을 가리킬 때 사용하며 sini처럼 보통 전치사와 결합되어 사용된다.

개는 저기에 있다.

Anjing ada di sana.

안징 아다 디 사나

의문문 개는 저기에 있습니까?

Anjing ada di sana?

안징 아다 디 사나?

Apakah anjing ada di sana?

아빠까ㅎ 안징 아다 디 사나?

부정문 개는 저기에 없다.

Anjing tidak ada di sana.

안징 띠닥 아다 디 사나

의문사가 있는 의문문 저기에 무엇이 있습니까?

Ada apa di sana?

아다 아빠 디 사나?

Di sana ada apa?

디 사나 아다 아빠?

패턴 학습 패턴을 활용한 문장 확장

06p.mp3

- **Ada di sana.**
  아다 디 사나
  저기에 있습니다.

- **Dari sana.**
  다리 사나
  저기에 갔다 옵니다.

- **Di sana adalah perpustakaan.**
  디 사나 아달라ㅎ 빠르뿌스따까안
  저기는 도서관입니다.

- **Mau ke sana?**
  마우 끄 사나?
  저기에 가고 싶습니까?

- **Waktunya berapa lama dari sini ke sana?**
  왁뚜냐 버라빠 라마 다리 시니 끄 사나?
  여기에서 저기로 가는 데 시간이 얼마나 걸립니까?

- **Kantornya ada di sana.**
  깐또르냐 아다 디 사나
  그의 사무실은 저기에 있습니다.

- **Meja ada di sana.**
  메자 아다 디 사나
  책상은 저기에 있습니다.

06p.mp3

패턴 복습

패턴 문장 인도네시아어 복습

01 저기에 있습니다.

02 저기에 갔다 옵니다.

03 저기는 도서관입니다.

04 저기에 가고 싶습니까?

05 여기에서 저기로 가는 데 시간이 얼마나 걸립니까?

06 그의 사무실은 저기에 있습니다.

07 책상은 저기에 있습니다.

실전 연습 실전 패턴 인도네시아어 쓰기

01 그녀는 저기에 없습니다.

02 그는 저기에서 왔습니다.

03 저기는 경찰서입니다.

kantor polisi [깐또르 뽈리씨] 경찰서

04 저는 저기에 가지 않았습니다.

05 여기에서 저기까지 얼마나 멉니까?

jauh [자우ㅎ] 먼

06 그의 차는 저기에 있습니다.

07 지갑은 저기에 있습니다.

dompet [돔뻿] 지갑

situ

거기는

지시 부사

07b.mp3

• 화자로부터는 멀리, 그리고 청자에게는 가까이에 있는 것을 가리킬 때 사용하는 단어로 sini, sana와 함께 일상생활에서 자주 사용하는 단어이니 꼭 숙지해두자.

거기 날씨가 좋습니다.

Cuaca di situ bagus.

쭈아짜 디 시뚜 바구스

의문문 **거기 날씨가 좋습니까?**

Apa cuaca di situ bagus?

아빠 쭈아짜 디 시뚜 바구스?

부정문 **거기 날씨가 좋지 않습니다.**

Cuaca di situ tidak bagus.

쭈아짜 디 시뚜 띠닥 바구스

진행문 **거기에 날씨가 지금 좋습니까?**

Cuaca di situ sedang bagus?

쭈아짜 디 시뚜 스당 바구스?

구어체 진행문 **거기에 날씨가 지금 좋습니까?**

Cuaca di situ lagi bagus?

쭈아짜 디 시뚜 라기 바구스?

의문사가 있는 의문문 **거기 날씨가 어때?**

Bagaimana cuaca di situ?

바가이마나 쭈아짜 디 시뚜?

패턴 학습 패턴을 활용한 문장 확장

07p.mp3

- **Taruh di situ saja.**
  따루ㅎ 디 시뚜 사자
  거기에 두세요.

- **Handuk ada di situ.**
  한둑 아다 디 씨뚜
  수건은 거기에 있습니다.

- **Aku ada di situ.**
  아꾸 아다 디 시뚜
  나는 거기에 있었어.

- **Di situ ada apa?**
  디 시뚜 아다 아빠?
  거기에 무엇이 있는 거야?

- **Di situ ramai.**
  디 시뚜 라마이
  거기는 붐빕니다.

- **Kapan kembali dari situ?**
  까빤 끔발리 다리 시뚜?
  거기에서 언제 돌아왔어요?

- **Jauh dari situ.**
  자우ㅎ 다리 시뚜
  거기에서는 멉니다.

07p.mp3

패턴 복습

패턴 문장 인도네시아어 복습

01 거기에 두세요.

02 수건은 거기에 있습니다.

03 나는 거기에 있었어.

04 거기에 무엇이 있는 거야?

05 거기는 붐빕니다.

06 거기에서 언제 돌아왔어요?

07 거기에서는 멉니다.

실전 연습 실전 패턴 인도네시아어 쓰기

01 거기에서 드세요.

makan [마깐] 먹다

02 책은 거기에 있습니다.

03 어머니는 거기에 계셔.

04 거기에 칫솔이 없습니다.

05 거기는 더럽습니다.

kotor [꼬또르] 더러운

06 언제 거기에 갈 거예요?

07 거기에서는 가깝습니다.

dekat [드깟] 가까운

harus

-해야 합니다

조동사

08b.mp3

• 조동사는 서술어 앞에 위치시켜 서술어의 의미를 보충해주는 말로 그중 harus는 의무를 나타낼 때 사용한다. harus를 부정할 때는 harus 앞에 부정어를 붙이고 harus 뒤에 나오는 서술어의 의미를 부정할 때는 서술어 바로 앞에 부정어를 붙여 사용한다.

저는 지금 일어나야 합니다.

Saya harus bangun sekarang.

사야 하루스 방운 스까랑

의문문 제가 지금 일어나야 하나요?

Apakah saya harus bangun sekarang?

아빠까ㅎ 사야 하루스 방운 스까랑?

Haruskah saya bangun sekarang?

하루스까ㅎ 사야 방운 스까랑?

* 조동사를 사용한 의문문을 만들 때는 조동사-kah를 붙여 문두에 위치시킨다.

부정문 저는 꼭 지금 일어나야 하는 것은 아닙니다.

Saya tidak harus bangun sekarang.

사야 띠닥 하루스 방운 스까랑

부정문 저는 지금 일어나지 말아야 합니다.

Saya harus tidak bangun sekarang.

사야 하루스 띠닥 방운 스까랑

패턴 학습 패턴을 활용한 문장 확장

08p.mp3

- **Kamu harus bahagia.**
  까무 하루스 바하기아
  너는 행복해야 한다.

- **Bapak harus lebih cepat.**
  바빡 하루스 르비ㅎ 쯔빳
  선생님은 더 서두르셔야 합니다.

- **Anda harus selesai sesuai jadwal.**
  안다 하루스 슬르사이 스수아이 자드왈
  당신은 일정에 맞게 끝내야 합니다.

- **Seharusnya kita sudah pesan dulu.**
  스하루스냐 끼따 수다ㅎ 쁘산 둘루
  우리는 먼저 예약을 했어야 했다.

- **Haruskah saya minum obat ini?**
  하루스까ㅎ 사야 미눔 오밧 이니?
  저는 이 약을 먹어야 합니까?

- **Kamu harus ada di sini.**
  까무 하루스 아다 디 시니
  너는 여기에 있어야 한다.

- **Anda harus tunggu di sini.**
  안다 하루스 뚱구 디 시니
  당신은 여기에서 기다려야 합니다.

08p.mp3

패턴 복습

패턴 문장 인도네시아어 복습

01 너는 행복해야 한다.

02 선생님은 더 서두르셔야 합니다.

03 당신은 일정에 맞게 끝내야 합니다.

04 우리는 먼저 예약을 했어야 했다.

05 저는 이 약을 먹어야 합니까?

06 너는 여기에 있어야 한다.

07 당신은 여기에서 기다려야 합니다.

실전 연습 실전 패턴 인도네시아어 쓰기

01 나는 가야 한다.

pergi [뻐르기] 가다

02 당신은 더 서두르셔야 합니다.

03 수업은 일정에 맞게 끝내야 합니다.

kelas [끌라스] 수업, 교실

04 우리는 먼저 먹었어야 했다.

05 제가 이 음식을 먹어야 합니까?

06 돈은 여기에 있어야 한다.

uang [우앙] 돈

07 당신은 여기로 돌아와야 합니다.

akan

조동사

-할 것입니다

09b.mp3

• 미래시제를 뜻하는 조동사 akan은 구어체에서 kan으로 축약하여 사용하기도 한다. 인도네시아어는 시제에 따른 동사의 변화가 없기 때문에 시제를 나타내는 조동사들을 주의 깊게 살펴볼 필요가 있다.

그는 갈 것입니다.

Dia akan pergi.

디아 아깐 뻐르기

의문문 그는 갈 것입니까?

Apakah dia akan pergi?

아빠까ㅎ 디아 아깐 뻐르기?

부정문 그는 가지 않을 것입니다.

Dia tidak akan pergi.

디아 띠닥 아깐 뻐르기

의문사가 있는 의문문 그는 왜 가려고 하나요?

Mengapa dia akan pergi?

멍아빠 디아 아깐 뻐르기?

의문사가 있는 의문문 그는 언제 갈 예정인가요?

Kapan dia akan pergi?

까빤 디아 아깐 뻐르기?

의문사가 있는 의문문 그는 누구와 갈 예정인가요?

Dengan siapa dia akan pergi?

등안 시아빠 디아 아깐 뻐르기?

패턴 학습 패턴을 활용한 문장 확장

09p.mp3

- **Ibu akan marah.**
  이부 아깐 마라ㅎ
  어머니는 화를 내실 것이다.

- **Rapat itu akan dibatalkan.**
  라빳 이뚜 아깐 디바딸깐
  그 회의는 취소될 예정입니다.

- **Orang itu pasti akan merasa malu.**
  오랑 이뚜 빠스띠 아깐 므라사 말루
  그 사람은 분명 부끄럽게 느낄 것이다.

- **Apa yang akan terjadi?**
  아빠 양 아깐 떠르자디?
  무슨 일이 일어날까?

- **Dia akan menikah dengan pria itu.**
  디아 아깐 머니까ㅎ 등안 쁘리아 이뚜
  그녀는 그 남자와 결혼할 것입니다.

- **Mereka akan makan pagi.**
  머레까 아깐 마깐 빠기
  그들은 아침을 먹을 것입니다.

- **Bapak akan naik bis.**
  바빡 아깐 나익 부스
  아버지는 버스를 타실 예정이다.

09p.mp3

패턴 복습 패턴 문장 인도네시아어 복습

01 어머니는 화를 내실 것이다.

02 그 회의는 취소될 예정입니다.

03 그 사람은 분명 부끄럽게 느낄 것이다.

04 무슨 일이 일어날까?

05 그녀는 그 남자와 결혼할 것입니다.

06 그들은 먹을 것입니다.

07 아버지는 버스를 타실 예정이다.

실전 연습 실전 패턴 인도네시아어 쓰기

01 아버지는 화를 내실 것이다.

02 그 주문은 취소될 예정입니다.

03 그 사람은 분명 가깝게 느낄 것이다.

04 그 문제는 이미 일어났다.

Hal [할] 일, 문제

05 그는 그 여자와 결혼할 것입니다.

wanita [와니따] 여자

06 그들은 점심을 먹을 것입니다.

07 아버지는 택시를 타실 예정이다.

taksi [딱시] 택시

bisa

–할 수 있습니다

조동사

10b.mp3

• 가능과 능력을 의미하는 조동사 bisa는 격식체에서는 dapat을 사용하기도 한다. 부정어구와의 결합은 "부정어+bisa" 어순으로 이루어지며 'akan bisa'나 'harus bisa'처럼 다른 조동사들과 중첩되어 사용되기도 한다.

저는 인도네시아어를 할 수 있습니다.

Saya bisa berbahasa Indonesia.

사야 비사 버르바하사 인도네시아

의문문 **당신은 인도네시아어를 할 수 있습니까?**

Apakah Anda bisa berbahasa Indonesia?

아빠까ㅎ 안다 비사 버르바하사 인도네시아?

Bisakah Anda berbahasa Indonesia?

비사까ㅎ 안다 버르바하사 인도네시아?

부정문 **저는 아직 인도네시아어를 할 수 없습니다.**

Saya belum bisa berbahasa Indonesia.

사야 블룸 비사 버르바하사 인도네시아

부정문 **저는 인도네시아어를 할 수 없습니다.**

Saya tidak bisa berbahasa Indonesia.

사야 띠닥 비사 버르바하사 인도네시아

패턴 학습 패턴을 활용한 문장 확장

10p.mp3

- **Ada yang bisa saya bantu?**
  아다 양 비사 사야 반뚜?
  무엇을 도와드릴까요?

- **Itu bisa terjadi.**
  이뚜 비사 떠르자디
  그것은 일어날 수 있습니다.

- **Saya bisa memahami maksudnya.**
  사야 비사 머마하미 막숟냐
  저는 그의 말을 이해할 수 있습니다.

- **Aku tidak bisa tahan lagi.**
  아꾸 띠닥 비사 따한 라기
  나는 더 이상 참을 수 없어.

- **Bisakah saya pakai ini?**
  비사까ㅎ 사야 빠까이 이니?
  제가 이것을 사용해도 될까요?

- **Anda bisa pergi.**
  안다 비사 뻐르기
  당신은 갈 수 있습니다.

- **Anda bisa pesan dulu.**
  안다 비사 뻐산 둘루
  당신은 먼저 주문하실 수 있습니다.

10p.mp3

패턴 복습

패턴 문장 인도네시아어 복습

01 무엇을 도와드릴까요?

02 그것은 일어날 수 있습니다.

03 저는 그의 말을 이해할 수 있습니다.

04 나는 더 이상 참을 수 없어.

05 제가 이것을 사용해도 될까요?

06 당신은 갈 수 있습니다.

07 당신은 먼저 주문하실 수 있습니다.

실전 연습 실전 패턴 인도네시아어 쓰기

01 무슨 일이시죠?

02 그것은 일어날 수 없습니다.

03 저는 이해할 수 없습니다.

04 나는 참을 수 있어.

05 제가 이것을 가져가도 될까요?

bawa [바와] 가져가다

06 당신은 그것을 할 수 있습니다.

melalkukan [믈라꾸깐] 하다

07 당신은 먼저 주무실 수 있습니다.

boleh

-해도 됩니다

조동사

11b.mp3

• 인도네시아어의 조동사 중 현지인들이 가장 많이 사용하는 단어 중 하나로 인도네시아인들은 직접화법보다는 간접화법이 예의 바르다고 생각하여 더 선호하는 경향이 있다. boleh는 해도 되고 안 해도 되는 의미를 갖고 있어 상대방이 boleh라는 조동사를 사용할 때는 그 의중을 잘 파악해야 한다.

당신은 그만 하셔도(멈추셔도) 됩니다.

Anda boleh berhenti.

안다 볼레ㅎ 버르흔띠

의문문 **저는 이제 그만해도(멈춰도) 될까요?**

Apakah saya boleh berhenti sekarang?

아빠까ㅎ 사야 볼레ㅎ 버르흔띠 쓰까랑?

Bolehkah saya berhenti sekarang?

볼레ㅎ까ㅎ 사야 버르흔띠 쓰까랑?

부정문 **당신은 그만하시면(멈추시면) 안 됩니다.**

Anda tidak boleh berhenti.

안다 띠닥 볼레ㅎ 버르흔띠

구어체 부정문 **너는 그만하면(멈추면) 안 돼.**

Kamu nggak boleh berhenti.

까무 응각 볼레ㅎ 버르흔띠

의문사가 있는 의문문 **제가 언제 그만해도(멈춰도) 되겠습니까?**

Kapan saya boleh berhenti?

까빤 사야 볼레ㅎ 버르흔띠?

패턴 학습 패턴을 활용한 문장 확장

11p.mp3

- **Apakah saya boleh bertanya?**
  아빠까ㅎ 사야 볼레ㅎ 버르따냐?
  제가 질문해도 될까요?

- **Anda tidak boleh belok kanan di sini.**
  안다 띠닥 볼레ㅎ 벨록 까난 디 시니
  당신은 여기에서 우회전할 수 없습니다.

- **Boleh saya minta nomor telepon Anda?**
  볼레ㅎ 사야 민따 노모르 뗄레뽄 안다?
  당신의 전화번호를 여쭤봐도 될까요?

- **Saya boleh duduk di sini?**
  사야 볼레ㅎ 두둑 디 시니?
  제가 여기에 앉아도 될까요?

- **Apakah saya boleh tahu alasannya?**
  아빠까ㅎ 사야 볼레ㅎ 따우 알라산냐?
  제가 그 이유를 알아도 될까요?(이유가 무엇인가요?)

- **Anda boleh ada di sini.**
  안다 볼레ㅎ 아다 디 시니
  당신은 여기에 있어도 됩니다.

- **Saya boleh bantu?**
  사야 볼레ㅎ 반뚜?
  제가 도와드려도 될까요?

11p.mp3

패턴 복습

패턴 문장 인도네시아어 복습

01 제가 질문해도 될까요?

02 당신은 여기에서 우회전할 수 없습니다.

03 당신의 전화번호를 여쭤봐도 될까요?

04 제가 여기에 앉아도 될까요?

05 제가 그 이유를 알아도 될까요?(이유가 무엇인가요?)

06 당신은 여기에 있어도 됩니다.

07 제가 먹어도 될까요?

실전 연습 실전 패턴 인도네시아어 쓰기

01 제가 뭔가를 부탁해도 될까요?

sesuatu [스수아뚜] 무언가

02 당신은 여기에서 좌회전할 수 없습니다.

kiri [끼리] 왼쪽

03 당신의 주소를 여쭤봐도 될까요?

alamat [알라맛] 주소

04 제가 여기에 있어도 될까요?

05 제가 그것을 알아도 될까요?

06 당신은 여기에 들어오면 안 됩니다.

07 제가 그곳에 가도 될까요?

mau

-원합니다

조동사

12b.mp3

- mau는 [~하고 싶다, 원하다]라는 의미로도 사용되지만 미래에 [~할 것이다]라는 의미로 의지를 나타내기도 한다. 구어체에서 가장 많이 사용되는 단어이므로 그 의미와 활용법을 반드시 숙지해야 한다. 격식체로는 'ingin' 또는 'berharap'을 사용한다.

저는 이걸로 할게요.

Saya mau yang ini.

사야 마우 양 이니

부정문 **저는 이것을 원하지 않습니다.**

Saya tidak mau yang ini.

사야 띠닥 마우 양 이니

진행문 **저는 지금 이것을 원하고 있습니다.**

Saya sedang mau yang ini.

사야 스당 마우 양 이니

의문문 **이걸로 하시겠어요?**

Anda mau yang ini?

안다 마우 양 이니?

의문사가 있는 의문문 **어느 것으로 하시겠어요?**

Anda mau yang mana?

안다 마우 양 마나?

강한 추측 **당신은 분명 이것을 원하지 않을 겁니다.**

Anda pasti tidak mau yang ini.

안다 빠스띠 띠닥 마우 양 이니

패턴 학습 패턴을 활용한 문장 확장

12p.mp3

- **Aku juga mau!**
  아꾸 주가 마우!
  나도 원해!

- **Mau apa?**
  마우 아빠?
  무엇을 원하세요?

- **Mau makan?**
  마우 마깐?
  먹을래?

- **Saya sedang mau tidur.**
  사야 스당 마우 띠두르
  저는 지금 자고 싶습니다.

- **Aku mau ke Korea.**
  아꾸 마우 끄 꼬레아
  나는 한국에 가고 싶다.

- **Mereka mau ini.**
  머레까 마우 이니
  그들은 이것을 원합니다.

- **Saya mau bertanya.**
  사야 마우 버르따냐
  저는 묻고 싶습니다.

12p.mp3

패턴 복습

패턴 문장 인도네시아어 복습

01 나도 원해!

02 무엇을 원하세요?

03 먹을래?

04 저는 지금 자고 싶습니다.

05 나는 한국에 가고 싶다.

06 그들은 이것을 원합니다.

07 저는 묻고 싶습니다.

실전 연습 실전 패턴 인도네시아어 쓰기

01 나는 원하지 않아!

02 어느 것을 원하세요?

03 갈래?

04 저는 지금 그것을 먹고 싶습니다.

05 나는 인도네시아에 가고 싶다.

06 그들은 그것을 원합니다.

07 스몰사이즈로 주세요.

perlu

-필요합니다

조동사

13b.mp3

• perlu는 [필요하다]는 뜻의 조동사로 mau처럼 동사나 명사 모두 함께 사용할 수 있다. 같은 의미를 갖는 단어로 "usah"가 있지만 "usah"는 항상 "tidak usah"와 같이 필요 없다는 의미로 부정어와 결합되어 사용된다.

당신은 그가 필요합니다.

Anda perlu dia.

안다 뻐를루 디아

부정문 당신은 그가 필요 없습니다.

Anda tidak perlu dia.

안다 띠닥 뻐를루 디아

부정문 당신은 아직 그가 필요 없습니다.

Anda belum perlu dia.

안다 블룸 뻐를루 디아

진행문 당신은 지금 그가 필요합니다.

Anda sedang perlu dia.

안다 스당 뻐를루 디아

의문문 당신은 그가 필요합니까?

Apakah Anda perlu dia?

아빠까ㅎ 안다 뻐를루 디아?

의문사가 있는 의문문 당신은 누가 필요합니까?

Anda perlu siapa?

안다 뻐를루 시아빠?

패턴 학습 패턴을 활용한 문장 확장

13p.mp3

- **Kamu perlu beristirahat.**

  까무 뻐를루 버르이스띠라핫

  너는 휴식이 필요해.

- **Aku perlu membeli handuk sama sabun.**

  아꾸 뻐를루 멈블리 한둑 사마 사분

  나는 수건이랑 비누를 사야 해.

- **Apa Anda perlu ini?**

  아빠 안다 뻐를루 이니?

  이거 필요하세요?

- **Apaka Anda perlu kartu identitas saya?**

  아빠까ㅎ 안다 뻐를루 까르뚜 이덴띠따스 사야?

  당신은 저의 신분증이 필요합니까?

- **Tidak perlu kata apa-apa.**

  띠닥 뻐를루 까따 아빠 아빠

  아무 말도 필요 없습니다.

- **Kamu perlu pergi lebih cepat.**

  까무 뻐를루 뻐르기 르비ㅎ 쯔빳

  너는 더 빨리 가야 한다.

- **Anda perlu apa?**

  안다 뻐를루 아빠?

  당신은 무엇이 필요하신가요?

13p.mp3

패턴 복습 패턴 문장 인도네시아어 복습

01 너는 휴식이 필요해.

02 나는 수건이랑 비누를 사야 해.

03 이거 필요하세요?

04 당신은 저의 신분증이 필요합니까?

05 아무 말도 필요 없습니다.

06 너는 더 빨리 가야 한다.

07 당신은 무엇이 필요하신가요?

실전 연습 실전 패턴 인도네시아어 쓰기

01 너는 내가 필요해.

02 나는 책상과 의자를 사야 해.

03 저것 필요하세요?

04 당신은 제 돈이 필요한가요?

05 아무것도 필요 없습니다.

apa pun [아빠 뿐] 무엇이든지

06 너는 운동해야 한다.

07 당신은 무슨 책이 필요하신가요?

sedang

-하는 중입니다

조동사

14b.mp3

• 진행을 나타내는 sedang은 [~하는 중이다, ~하고 있다]라는 의미로 구어체는 "lagi"를 사용한다. 보통 동사나 형용사와 같은 서술어와 결합되어 사용되며 명사와는 함께 쓰이지 않는다. 진행의 의미 외에도 크기 등을 나타낼 때 [중간 또는 적당한]을 의미하기도 한다.

가격이 오르고 있습니다.

Harganya sedang naik.

하르가냐 스당 나익

부정문 **가격이 오르고 있지 않습니다.**

Harganya sedang tidak naik.

하르가냐 스당 띠닥 나익

구어체 부정문 **가격이 오르고 있지 않습니다.**

Harganya sedang nggak naik.

하르가냐 스당 응각 나익

의문문 **가격이 오르고 있습니까?**

Harganya sedang naik?

하르가냐 스당 나익?

의문문 **가격이 오르고 있나요?**

Apa harganya sedang naik?

아빠 하르가냐 스당 나익?

의문사가 있는 의문문 **지금 가격이 올라서 얼마가 되었나요?**

Sekarang harganya naik (jadi) berapa?

스까랑 하르가냐 나익 (자디) 버라빠?

패턴 학습 패턴을 활용한 문장 확장

14p.mp3

- **Saya sedang di jalan.**
  사야 스당 디 잘란
  저는 지금 가는 중입니다.

- **Kamu sedang apa?**
  까무 스당 아빠?
  너는 지금 뭐하니?

- **Sirsak sedang bermusim.**
  시르삭 스당 버르무심
  시르삭은 지금 제철이다.

- **Dia sedang sehat.**
  디아 스당 세핫
  그는 지금 건강해.

- **Waktu itu, saya sedang mandi.**
  왁뚜 이뚜, 사야 스당 만디
  그때, 저는 목욕을 하고 있었어요.

- **Mereka sedang tidur.**
  머레까 스당 띠두르
  그들은 지금 자고 있습니다.

- **Apakah Anda sedang beristirahat?**
  아빠까ㅎ 안다 스당 버르이스띠라핫?
  당신은 지금 쉬고 계십니까?

14p.mp3

패턴 복습

패턴 문장 인도네시아어 복습

01 저는 지금 가는 중입니다.

02 너는 지금 뭐하니?

03 시르삭은 지금 제철이다.

04 그는 지금 건강해

05 그때, 저는 목욕을 하고 있었어요.

06 그들은 지금 자고 있습니다.

07 당신은 지금 쉬고 계십니까?

실전 연습 실전 패턴 인도네시아어 쓰기

01 저는 지금 통화 중입니다.

02 너는 지금 어디에 있니?

03 망고는 지금 제철이다.

mangga [망가] 망고

04 그는 지금 운동해.

05 그때, 저는 저녁을 먹고 있었어요.

makan malam [마깐 말람] 저녁식사 하다

06 그들은 지금 거실에 있습니다.

ruang keluarga [루앙 끌루아르가] 거실

07 당신은 지금 목욕하고 계십니까?

15 sudah

(이미) 했습니다

조동사

15b.mp3

• 완료 및 과거 시제를 나타내는 sudah는 일상생활에서 가장 많이 사용되는 시제부사어 중 하나이다. 정해진 상황 속에서 무엇을 완료했는지 추측가능한 경우 단독으로도 많이 사용된다. 또 좋지 않은 상황에서는 [그만하자]라는 의미로도 사용된다. 격식체로는 telah를 사용한다.

저는 인도네시아어를 6개월 동안 공부하였습니다.

Saya sudah belajar bahasa Indonesia selama 6 bulan.

사야 수다ㅎ 블라자르 바하사 인도네시아 슬라마 으남 불란

부정문 **저는 아직 인도네시아어를 공부하지 않았습니다.**

Saya belum belajar bahasa Indonesia.

사야 블룸 블라자르 바하사 인도네시아

부정문 **저는 인도네시아어를 6개월 동안 공부하지 않았습니다.**

Saya tidak belajar bahasa Indonesia selama 6 bulan.

사야 띠닥 블라자르 바하사 인도네시아 슬라마 으남 불란

의문문 **당신은 인도네시아어를 공부하였습니까?**
당신은 인도네시아어 공부를 모두 마쳤습니까?

Anda sudah belajar bahasa Indonesia?

안다 수다ㅎ 블라자르 바하사 인도네시아?

경험문 **저는 인도네시아어를 공부해 본 적이 있습니다.**

Saya sudah pernah belajar bahasa Indonesia.

사야 수다ㅎ 쁘르나ㅎ 블라자르 바하사 인도네시아

* sudah pernah는 이미 경험을 해본 적 있다는 완료를 나타낼 때 보통 함께 사용된다.

패턴 학습 패턴을 활용한 문장 확장

15p.mp3

- **Saya tinggal di Indonesia sudah dua tahun.**
  사야 띵갈 디 인도네시아 수다ㅎ 두아 따훈
  저는 인도네시아에 산 지 2년 되었습니다.

- **Apakah Anda sudah berkeluarga?**
  아빠까ㅎ 안다 수다ㅎ 버르끌루아르가?
  당신은 결혼을 하셨습니까?

- **Anda sudah punya anak?**
  안다 수다ㅎ 뿌냐 아낙?
  당신은 자녀가 있습니까?

- **Aku sudah pesan.**
  아꾸 수다ㅎ 쁘산
  주문했어.

- **Kami sudah bosan.**
  까미 수다ㅎ 보산
  우리는 이미 질렸어.

- **Mereka sudah mandi.**
  머레까 수다ㅎ 만디
  그들은 이미 목욕했습니다.

- **Dia sudah sembuh.**
  디아 수다ㅎ 슴부ㅎ
  그녀는 이미 (병이) 다 나았습니다.

15p.mp3

패턴 복습 패턴 문장 인도네시아어 복습

01 저는 인도네시아에 산 지 2년 되었습니다.

02 당신은 결혼을 하셨습니까?

03 당신은 자녀가 있습니까?

04 주문했어.

05 우리는 이미 질렸어.

06 그들은 이미 목욕했습니다.

07 그녀는 이미 (병이) 다 나았습니다.

실전 연습

실전 패턴 인도네시아어 쓰기

01 저는 인도네시아에 산 지 5년 되었습니다.

02 당신은 인도네시아어를 공부하셨습니까?

03 당신은 애인이 있습니까?

04 내가 이미 샀어.

05 우리는 이미 화났어.

06 그들은 이미 식사했습니다.

07 그녀는 이미 갔습니다.

masih

여전히/아직도-합니다

조동사

16b.mp3

• masih는 [여전히~하는 중]이라는 의미로 과거에서부터 시작해서 현재까지도 진행 중이라는 의미를 내포하고 있다. 모든 품사와 함께 사용할 수 있으며 masih 자체를 부정할 수는 없으나 (masih 앞에 부정어를 붙이지 않는다) 뒤에 나오는 서술어를 부정하는 부정문은 만들어 사용할 수 있다.

아내는 아직 집을 청소하고 있습니다.

Istri masih membersihkan rumah.

이스뜨리 마시ㅎ 믐버르시ㅎ깐 루마ㅎ

의문문 **아내가 아직 집을 청소하고 있습니까?**

Apa istri masih membersihkan rumah?

아빠 이스뜨리 마시ㅎ 믐버르시ㅎ깐 루마ㅎ?

부정문 **아내는 아직 집을 청소하지 않습니다.**

Istri masih belum membersihkan rumah.

이스뜨리 마시ㅎ 블룸 믐버르시ㅎ깐 루마ㅎ

의문사가 있는 의문문 **누가 아직 집을 청소하고 있나요?**

Siapa yang masih membersihkan rumah?

시아빠 양 마시ㅎ 믐버르시ㅎ깐 루마ㅎ?

의문사가 있는 의문문 **아내가 왜 아직도 집을 청소하고 있습니까?**

Mengapa istri masih membersihkan rumah?

멍아빠 이스뜨리 마시ㅎ 믐버르시ㅎ깐 루마ㅎ?

패턴 학습 패턴을 활용한 문장 확장

16p.mp3

- Apakah Anda masih di Singapura?
  아빠까ㅎ 안다 마시ㅎ 디 싱가뿌라?
  당신은 아직 싱가폴에 계신가요?

- Waktu masih kecil, saya tinggal dengan kakek.
  왁뚜 마시ㅎ 끄찔, 사야 띵갈 등안 까껙
  어렸을 때, 저는 할아버지와 살았습니다.

- Kami masih muda.
  까미 마시ㅎ 무다
  우리는 아직 젊잖아.

- Kamarnya masih kotor.
  까마르냐 마시ㅎ 꼬또르
  방이 아직 더럽다.

- Masih hujan.
  마시ㅎ 후잔
  아직 비가 온다.

- Dia masih tidur.
  디아 마시ㅎ 띠두르
  그는 아직 자고 있다.

- Saya masih belajar.
  사야 마시ㅎ 블라자르
  저는 아직 공부합니다.

16p.mp3

패턴 복습

패턴 문장 인도네시아어 복습

01 당신은 아직 싱가폴에 계신가요?

02 어렸을 때, 저는 할아버지와 살았습니다.

03 우리는 아직 젊잖아.

04 방이 아직 더럽다.

05 아직 비가 온다.

06 그는 아직 자고 있다.

07 저는 아직 공부합니다.

실전 연습 실전 패턴 인도네시아어 쓰기

01 당신은 아직 한국에 계신가요?

Korea Selatan [꼬레아 슬라딴] 남한

02 어렸을 때, 저는 할머니와 살았습니다.

03 우리는 아직 건강해.

04 방이 아직 덥다.

panas [빠나스] 덥다, 뜨겁다

05 아직 바람이 분다.

berangin [브랑인] 바람이 불다

06 그는 아직 일한다.

bekerja [버꺼르자] 일하다

07 저는 아직 서울에 살고 있습니다.

pernah

-한 적 있습니다

조동사

17b.mp3

• 보통 완료의 의미를 강조하기 위해 sudah와 함께 사용하는 경우가 많으며 부정문을 만들 때는 tidak이 아닌 belum과 함께 사용하여 [아직~해본 적이 없다]라고 표현하는 것이 자연스럽다.

저는 비자를 연장해본 적 있습니다.

Saya pernah memperpanjang visa.

사야 뻐르나ㅎ 믐뻐르빤장 피자.

* 인도네시아어에서는 'v'를 아랫입술을 살짝 깨무는 영어 'f'발음으로 발음합니다.

의문문 **당신은 비자를 연장해본 적 있습니까?**

Apa Anda pernah memperpanjang visa?

아빠 안다 뻐르나ㅎ 믐뻐르빤장 피자?

부정문 **저는 아직 비자를 연장해본 적 없습니다.**

Saya belum pernah memperpanjang visa.

사야 블룸 뻐르나ㅎ 믐뻐르빤장 피자

의문사가 있는 의문문 **당신은 언제 비자를 연장해본 적 있습니까?**

Kapan Anda pernah memperpanjang visa?

까반 안다 뻐르나ㅎ 믐뻐르빤장 피자?

의문사가 있는 의문문 **당신은 어디에서 비자를 연장해본 적 있습니까?**

Di mana Anda pernah memperpanjang visa?

디 마나 안다 뻐르나ㅎ 믐뻐르빤장 피자?

패턴 학습 패턴을 활용한 문장 확장

17p.mp3

- **Anda pernah ke Bali?**
  안다 뻐르나ㅎ 끄 발리?
  당신은 발리에 가본 적이 있습니까?

- **Saya pernah dengar tentang itu.**
  사야 뻐르나ㅎ 등아르 뜬땅 이뚜
  저는 그것에 대해 들어본 적 있습니다.

- **Apakah Anda pernah makan masakan Indonesia?**
  아빠까ㅎ 안다 뻐르나ㅎ 마깐 마삭깐 인도네시아?
  당신은 인도네시아 요리를 먹어본 적 있습니까?

- **Pernahkah bekerja lembur?**
  뻐르나ㅎ까ㅎ 버꺼르자 름부르?
  야근해본 적 있습니까?

- **Kamu pernah ambil cuti?**
  까무 뻐르나ㅎ 암빌 쭈띠?
  너는 휴가 내본 적 있어?

- **Saya pernah bertemu dengan mereka.**
  사야 뻐르나ㅎ 버르뜨무 등안 머레까
  저는 그들과 만났던 적이 있습니다.

- **Anda pernah menginap di sini?**
  안다 뻐르나ㅎ 멍이납 디 시니?
  당신은 여기에서 숙박해본 적이 있습니까?

17p.mp3

패턴 복습

패턴 문장 인도네시아어 복습

01 당신은 발리에 가본 적이 있습니까?

02 저는 그것에 대해 들어본 적 있습니다.

03 당신은 인도네시아 요리를 먹어본 적 있습니까?

04 야근해본 적 있습니까?

05 너는 휴가 내 본 적 있어?

06 저는 그들과 만났던 적이 있습니다.

07 당신은 여기에서 숙박해본 적이 있습니까?

실전 연습 실전 패턴 인도네시아어 쓰기

01 당신은 자카르타에 가본 적이 있습니까?

02 저는 그의 소식에 대해 들어본 적 있습니다.

kabar [까바르] 소식

03 당신은 한국 요리를 먹어본 적 있습니까?

04 한국어를 공부해본 적 있습니까?

05 너는 이 음식 먹어본 적 있어?

coba [쪼바] ~을 시도해보다

06 저는 그들과 놀았던 적이 있습니다.

bermain [버르마인] 놀다

07 당신은 여기에서 구매해본 적이 있습니까?

18 baru

막 - 했습니다

조동사

18b.mp3

• 발화 시점으로부터 가까운 과거 시점에 [막/금방] 완료된 상황이나 행동을 표현할 때 사용한다. baru 자체를 부정하는 단어는 없으므로 부정문을 만들고자 할 때는 baru를 제거하고 부정문을 만들어 사용해야 한다.

그는 막 나갔습니다.

Dia baru keluar.

디아 바루 끌루아르

의문문 그가 막 나갔나요?

Apakah dia baru keluar?

아빠까ㅎ 디아 바루 끌루아르?

부정문 그는 아직 나가지 않았습니다.

Dia belum keluar.

디아 블룸 끌루아르

부정문 그는 나가지 않습니다.

Dia tidak keluar.

디아 띠닥 끌루아르

구어체 의문사가 있는 의문문 왜 그가 막 나갔나요?

Kenapa dia baru keluar?

끄나빠 디아 바루 끌루아르?

구어체 의문사가 있는 의문문 어떻게 그가 금방 나갔나요?

Gimana dia baru keluar?

기마나 디아 바루 끌루아르?

패턴 학습 패턴을 활용한 문장 확장

18p.mp3

- **Saya baru tiba di bandara.**
  사야 바루 띠바 디 반다라
  저는 이제 막 공항에 도착했습니다.

- **Mereka baru menikah?**
  머레까 바루 머니까ㅎ?
  그들은 신혼이야?

- **Dia baru mendapat gaji.**
  디아 바루 먼다빳 가지
  그는 이제 막 임금을 받았어.

- **Kami baru saja saling kenal.**
  까미 바루 사자 살링 끄날
  우리는 이제 막 서로 알았어요.

- **Suami saya baru berangkat.**
  수아미 사야 바루 브랑깟
  저의 남편은 이제 막 출발했습니다.

- **Bapak baru naik taksi.**
  바빡 바루 나익 딱시
  아버지는 방금 택시를 탔습니다.

- **Anak baru mengganti baju.**
  아낙 바루 믕간띠 바주
  아이는 금방 옷을 갈아입었습니다.

18p.mp3

패턴 복습

패턴 문장 인도네시아어 복습

01 저는 이제 막 공항에 도착했습니다.

02 그들은 신혼이야?

03 그는 이제 막 임금을 받았어.

04 우리는 이제 막 서로 알았어요.

05 저의 남편은 이제 막 출발했습니다.

06 아버지는 방금 택시를 탔습니다.

07 아이는 금방 옷을 갈아입었습니다.

실전 연습 실전 패턴 인도네시아어 쓰기

01 저는 이제 막 식당에 도착했습니다.

02 그들이 막 나갔습니까?

keluar [끌루아르] 나가다

03 그는 이제 막 용돈을 받았어.

uang jajan [우앙 자잔] 용돈

04 우리는 이제 막 서로 싸웠어요.

bertengkar [버르뜽까르] 싸우다

05 저의 부인은 이제 막 출발했습니다.

06 아버지는 방금 비행기를 탔습니다.

pesawat [쁘사왓] 비행기

07 아이는 금방 안경을 꼈습니다.

pakai [빠까이] 입다, 끼다, 신다 kacamata [까짜마따] 안경

kurang

부족하다

정도

19b.mp3

• 인도네시아 사람들은 완전부정인 tidak보다 kurang을 사용하여 부드럽게 표현하는 것을 더 선호한다. 객관적인 현상이나 증명된 사실을 말하는 것이 아닌 개인적인 의견을 말할 때는 거만하거나 차갑게 보일 수 있으므로 tidak을 사용하지 않도록 주의한다.

그것은 별로 (입맛에) 맞지 않아.

Itu kurang cocok.

이뚜 꾸랑 쪼쪽

의문문 **그것이 별로 (입맛에) 맞지 않니?**

Apa itu kurang cocok?

아빠 이뚜 꾸랑 쪼쪽?

공정문 **그것은 분명 (입맛에) 맞을 거야.**

Itu pasti cocok.

이뚜 빠스띠 쪼쪽

의문사가 있는 의문문 **누가 부족하다고 느끼나요?**

Siapa merasa kurang cocok?

시아빠 므라사 꾸랑 쪼쪽?

의문사가 있는 의문문 **왜 그것이 별로 알맞지 않은가요?**

Mengapa itu kurang cocok?

멍아빠 이뚜 꾸랑 쪼쪽?

의문사가 있는 의문문 **어느 부분에서(어디에서) 그것이 별로 알맞지 않은가요?**

Di mana kurang cocoknya?

디 마나 이뚜 꾸랑 쪼쪽냐?

패턴 학습 패턴을 활용한 문장 확장

19p.mp3

- **Kulkasnya kurang dingin.**
  꿀까쓰냐 꾸랑 딩인
  냉장고가 시원하지 않다.

- **Saya kurang tahu tentang hal itu.**
  사야 꾸랑 따우 뜬땅 할 이뚜
  저는 그 문제에 대해 잘 모릅니다.

- **Sepertinya kamu kurang mengerti.**
  스쁘르띠냐 까무 꾸랑 멍어르띠
  너는 잘 못 알아들은 것 같다.

- **Uangnya kurang.**
  우앙냐 꾸랑
  돈이 부족해.

- **Rasanya kurang enak.**
  라사냐 꾸랑 에낙
  맛이 별로 없다.

- **Saya kurang suka.**
  사야 꾸랑 수까
  저는 별로 좋아하지 않습니다.

- **Aku kurang tahu.**
  아꾸 꾸랑 따우
  나는 잘 몰라.

19p.mp3

패턴 복습

패턴 문장 인도네시아어 복습

01 냉장고가 시원하지 않다.

02 저는 그 문제에 대해 잘 모릅니다.

03 너는 잘 못 알아들은 것 같다.

04 돈이 지금 부족해.

05 맛이 별로 없다.

06 저는 별로 좋아하지 않습니다.

07 나는 잘 몰라.

실전 연습 실전 패턴 인도네시아어 쓰기

01 에어컨이 시원하지 않다.

02 저는 잘 모릅니다.

03 저는 잘 이해가 안됩니다.

04 음식이 부족해.

05 그것은 별로 좋지 않다.

bagus [바구스] 좋다

06 저는 별로 기분이 좋지 않습니다.

senang [스낭] 기쁜

07 나는 마음이 별로 좋지 않다.

enak [에낙] 편안한

cukup

충분하다

정도

20b.mp3

• cukup은 [충분한]이라는 긍정적인 의미를 갖는 형용사로 [이제 충분히 있으니 더 이상 필요 없습니다 혹은 그만 주셔도 됩니다]라는 거절을 간접적으로 할 때 자주 사용한다. 혹은 반대로 [아직 충분하지 않으니 조금 더 필요합니다]라는 표현을 공손하게 요청할 때도 사용한다.

음식은 충분해요.

Makanannya sudah cukup.

마깐안냐 수다ㅎ 쭈꿉

의문문 **음식은 충분합니까?**

Apakah makanannya sudah cukup?

아빠까ㅎ 마깐안냐 수다ㅎ 쭈꿉?

부정문 **음식이 아직 충분하지 않습니다.**

Makanannya belum cukup.

마깐안냐 블룸 쭈꿉

부정문 **음식이 모자랍니다.**

Makanannya tidak cukup.

마깐안냐 띠닥 쭈꿉

의문사가 있는 의문문 **음식이 충분하지 않으면 어떻게 할까요?**

Bagaimana mungkin makanannya tidak cukup?

바가이마나 뭉낀 마깐안냐 띠닥 쭈꿉?

의문사가 있는 의문문 **음식이 충분한 곳은 어디인가요?**

Di mana makanan yang sudah cukup?

디 마나 마깐안냐 수다ㅎ 쭈꿉?

패턴 학습 패턴을 활용한 문장 확장

20p.mp3

- **Waktunya masih cukup.**
  왁뚜냐 마시ㅎ 쭈꿉
  시간은 아직 충분합니다.

- **Kaosnya cukup besar.**
  까오쓰냐 쭈꿉 브사르
  티셔츠가 꽤 크네요.

- **Biaya pendidikan itu cukup mahal.**
  비아야 쁜디딕깐 이뚜 쭈꿉 마할
  그 교육비는 꽤 비쌉니다.

- **Kalau 1 tahun, sudah cukup.**
  깔라우 사뚜 따훈, 수다ㅎ 쭈꿉
  1년이면 충분합니다.

- **Kalau sudah jam segini, sudah cukup.**
  깔라우 수다ㅎ 잠 스기니, 수다ㅎ 쭈꿉
  이 시간 정도면 충분합니다.

- **Ini belum cukup.**
  이니 블룸 쭈꿉
  이것은 아직 충분하지 않습니다.

- **ACnya sudah cukup dingin.**
  아쎄냐 수다ㅎ 쭈꿉 딩인
  에어컨은 이미 충분히 시원하다.

20p.mp3

패턴 복습

패턴 문장 인도네시아어 복습

01 시간은 아직 충분합니다.

02 티셔츠가 꽤 크네요.

03 그 교육비는 꽤 비쌉니다.

04 1년이면 충분합니다.

05 이 시간 정도면 충분합니다.

06 이것은 아직 충분하지 않습니다.

07 에어컨은 이미 충분히 시원하다.

실전 연습 실전 패턴 인도네시아어 쓰기

01 물건은 아직 충분합니다.

02 치마가 꽤 크네요.

rok [록] 치마

03 그 가격은 꽤 비쌉니다.

04 1달이면 충분합니다.

bulan [불란] 달

05 이 정도면 충분합니다.

06 그것은 아직 충분하지 않습니다.

07 이것은 충분하지 않습니다.

21 terlalu

너무

정도

21b.mp3

• terlalu는 [도가 지나치다]라는 의미가 내포되어 보통 부정적인 뜻으로 강조할 때 많이 사용되는 강조어이다.

너무 덥다.

Terlalu panas.

떠르랄루 빠나쓰

부정문 너무 덥지는 않다.

Tidak terlalu panas.

띠닥 떠르랄루 빠나스

구어체 부정문 (그렇게) 너무 덥지는 않다.

Nggak terlalu panas.

응각 떠르랄루 빠나쓰

진행문 지금 너무 덥다.

Sekarang terlalu panas.

스까랑 떠르랄루 빠나스

평서문 저기는 너무 덥다.

Di sana terlalu panas.

디 마나 떠르랄루 빠나스.

의문문 너무 더운가요?

Apa terlalu panas?

아빠 떠르랄루 빠나쓰?

패턴 학습 패턴을 활용한 문장 확장

21p.mp3

- **Durian ini terlalu matang.**
  두리안 이니 떠르랄루 마땅
  이 두리안은 너무 익었다.

- **Kamu terlalu jahat.**
  까무 떠르랄루 자핫
  너는 너무 못됐다.

- **Kereta api terlalu bahaya.**
  끄레따 아삐 떠르랄루 바하야
  기차는 너무 위험하다.

- **Bahasa Indonesia terlalu susah.**
  바하사 인도네시아 떠르랄루 수사ㅎ
  인도네시아어는 너무 어렵다.

- **Dompetku terlalu kecil.**
  돔뻿꾸 떠르랄루 끄찔
  내 지갑은 너무 작다.

- **Waktunya terlalu lama.**
  왁뚜냐 떠르랄루 라마
  시간이 너무 오래 걸립니다.

- **Cuacanya terlalu dingin.**
  쭈아짜냐 떠르랄루 딩인
  날씨가 너무 춥습니다.

21p.mp3

패턴 복습 패턴 문장 인도네시아어 복습

01 이 두리안은 너무 익었다.

02 너는 너무 못됐다.

03 기차는 너무 위험하다.

04 인도네시아어는 너무 어렵다.

05 내 지갑은 너무 작다.

06 시간이 너무 오래 걸립니다.

07 날씨가 너무 춥습니다.

실전 연습 실전 패턴 인도네시아어 쓰기

01 이 과일은 너무 익었다.

buah [부아ㅎ] 과일

02 너는 너무 키가 크다.

tinggi [띵기] 키가 큰, 긴

03 그 사람은 너무 위험하다.

orang [오랑] 사람

04 인도네시아어는 너무 쉽다.

mudah [무다ㅎ] 쉬운

05 내 지갑은 너무 크다.

besar [브사르] 크다

06 가격이 너무 비쌉니다.

mahal [마할] 비싼

07 날씨가 너무 덥습니다.

sangat

정도

매우/아주

22b.mp3

• sangat은 부정적인 의미 없이 객관적인 사실을 강조하거나 긍정적인 의미를 내포하고자 할 때 보통 사용되는 단어이다.

이 치마는 아주 길다.

Rok ini sangat panjang.

록 이니 상앗 빤장

의문문 이 치마는 아주 긴가요?

Apakah rok ini sangat panjang?

아빠까ㅎ 록 이니 상앗 빤장

Rok ini sangat panjang?

록 이니 상앗 빤장?

구어체 의문사가 있는 의문문 왜 이 치마는 아주 긴가요?

Kenapa rok ini sangat panjang?

끄나빠 록 이니 상앗 빤장?

부정문 이 치마가 아주 길지는 않다.

Rok ini tidak sangat panjang.

록 이니 띠닥 상앗 빤장

의견문 제 생각에는 이 치마가 아주 깁니다.

Menurut saya, rok ini sangat panjang.

머누룻 사야, 록 이니 상앗 빤장

패턴 학습 패턴을 활용한 문장 확장

22p.mp3

- Orang Indonesia sangat ramah.
  오랑 인도네시아 상앗 라마ㅎ
  인도네시아 사람은 아주 친절하다.

- Orang Korea sangat rajin.
  오랑 꼬레아 상앗 라진
  한국 사람은 아주 부지런하다.

- Rambutnya sangat pendek.
  람붓냐 상앗 뻰덱
  머리카락이 아주 짧다.

- Kelihatannya sangat baik.
  끌리핫딴냐 상앗 바익
  아주 좋아보인다.

- Acara itu sangat penting bagi saya.
  아짜라 이뚜 상앗 쁜띵 바기 사야
  그 행사는 저에게 아주 중요합니다.

- Rasanya sangat bagus.
  라사냐 상앗 바구스
  맛이 아주 좋습니다.

- Anaknya sangat pintar.
  아낙냐 상앗 삔따르
  그 아이는 매우 똑똑합니다.

22p.mp3

패턴 복습 패턴 문장 인도네시아어 복습

01 인도네시아 사람은 아주 친절하다.

02 한국 사람은 아주 부지런하다.

03 머리카락이 아주 짧다.

04 아주 좋아 보인다.

05 그 행사는 저에게 아주 중요합니다.

06 맛이 아주 좋습니다.

07 그 아이는 매우 똑똑합니다.

실전 연습 실전 패턴 인도네시아어 쓰기

01 인도네시아 사람은 아주 착하다.

baik [바익] 착한

02 한국 사람은 아주 열심히 일한다.

03 머리카락이 아주 길다.

04 아주 비싸 보인다.

05 그 문제는 저에게 아주 중요합니다.

06 집이 아주 좋습니다.

07 그들은 매우 똑똑합니다.

23 paling
가장

정도

23b.mp3

• 인도네시아어의 최상급은 paling을 사용하거나 ter-접두사를 붙여 [가장~한]이라는 의미를 나타낼 수 있다.

저는 그 차를 가장 좋아합니다.

Saya paling suka teh itu.

사야 빨링 수까 떼ㅎ 이뚜

---

ter- 접두사를 이용한 평서문 **저는 그 차를 가장 좋아합니다.**

Saya tersuka teh itu.

사야 떠르수까 떼ㅎ 이뚜

부정문 **저는 그 차를 가장 좋아하지 않습니다.**

Saya paling tidak suka teh itu.

사야 빨링 띠닥 수까 떼ㅎ 이뚜

의문문 **당신은 그 차를 가장 좋아합니까?**

Apakah Anda paling suka teh itu?

아빠까ㅎ 안다 빨링 수까 떼ㅎ 이뚜?

의문사가 있는 의문문 **언제부터 당신은 그 차를 가장 좋아합니까?**

Dari kapan Anda paling suka teh itu?

다리 까빤 안다 빨링 수까 떼ㅎ 이뚜?

패턴 학습 패턴을 활용한 문장 확장

23p.mp3

- **Baunya paling tidak enak.**
  바우냐 빨링 띠닥 에낙
  냄새가 가장 지독하다.

- **Dia paling kaya di Indonesia.**
  디아 빨링 까야 디 인도네시아
  그는 인도네시아에서 가장 부유하다.

- **Pasar ini paling murah.**
  빠사르 이니 빨링 무라ㅎ
  이 시장이 가장 싸다.

- **Bagasi itu paling ringan.**
  바가시 이뚜 빨링 링안
  그 짐(수하물)이 가장 가볍다.

- **Pemandangan di sini paling indah.**
  쁘만당안 디 시니 빨링 인다ㅎ
  여기 풍경이 가장 아름답다.

- **Dia paling pendek di dalam keluarganya.**
  디아 빨링 뻰덱 디 달람 끌루아르가냐
  그는 그의 가족 중에서 가장 키가 작습니다.

- **Kerjanya paling banyak.**
  꺼르자냐 빨링 바냑
  그의 일이 가장 많습니다.

23p.mp3

패턴 복습

패턴 문장 인도네시아어 복습

01 냄새가 가장 지독하다.

02 그는 인도네시아에서 가장 부유하다.

03 이 시장이 가장 싸다.

04 그 짐(수하물)이 가장 가볍다.

05 여기 풍경이 가장 아름답다.

06 그는 그의 가족 중에서 가장 키가 작습니다.

07 그의 일이 가장 많습니다.

실전 연습 실전 패턴 인도네시아어 쓰기

01 냄새가 가장 향긋하다.

harum [하룸] (냄새가)향긋한

02 그는 인도네시아에서 가장 똑똑하다.

03 이 물건이 가장 좋다.

04 그 짐(수하물)이 가장 크다.

05 이 여자가 가장 아름답다.

indah [인다ㅎ] 아름다운

06 그는 그의 가족 중에서 가장 키가 큽니다.

07 그의 일이 가장 적습니다.

sedikit [스디낏] 약간, 조금

semua

모든

정도

24b.mp3

• semua는 [모든]이란 뜻의 형용사로 뒤에 명사를 위치 시켜 명사를 수식한다. semua를 명사화시키기 위해서는 접미사 -nya를 뒤에 붙여 [모든 것, 모든 사람]이라는 의미로 바꿀 수 있다.

모든 인도네시아 사람들은 집이 있다.

Semua orang Indonesia mempunyai rumah.

스무아 오랑 인도네시아 믐뿌냐이 루마ㅎ

부정문 **모든 인도네시아 사람들은 집이 없다.**

Semua orang Indonesia tidak mempunyai rumah.

스무아 오랑 인도네시아 띠닥 믐뿌냐이 루마ㅎ

부분 부정문 **모든 인도네시아 사람들이 집이 있는 것은 아니다.**

Tidak semua orang Indonesia mempunyai rumah.

띠닥 스무아 오랑 인도네시아 믐뿌냐이 루마ㅎ

의문문 **모든 인도네시아 사람들은 집이 있습니까?**

Apakah semua orang Indonesia mempunyai rumah?

아빠까ㅎ 스무아 오랑 인도네시아 믐뿌냐이 루마ㅎ?

패턴 학습 패턴을 활용한 문장 확장

24p.mp3

- **Semua perbelanjaan harus segera dibereskan.**
  스무아 뻐르블란자안 하루스 스그라 디베레스깐
  장본 모든 물건은 빨리 정리되어야 한다.

- **Semua mobil di depan saya bertabrakan.**
  스무아 모빌 디 드빤 사야 버르따브락깐
  제 앞에 있는 모든 차가 충돌했습니다.

- **Anda boleh melewati semua jalan tol.**
  안다 볼레ㅎ 믈레와띠 스무아 잘란 똘
  당신은 모든 고속도로를 이용해도 됩니다.

- **Semua kompornya rusak.**
  스무아 꼼뽀르냐 루삭
  모든 가스레인지가 고장났습니다.

- **Semua mahasiswa harus pakai baju yang sopan.**
  스무아 마하시스와 하루스 빠까이 바주 양 소빤
  모든 대학생들은 예의를 갖춰 옷을 입어야 한다.

- **Semuanya sudah baik.**
  스무아냐 수다ㅎ 바익
  모두가 괜찮아졌습니다.

- **Semuanya berapa?**
  스무아냐 버라빠?
  모두 다 해서 (가격이) 얼마인가요? /모두 다 해서 몇 개인가요?

24p.mp3

패턴 복습 패턴 문장 인도네시아어 복습

01 장본 모든 물건은 빨리 정리되어야 한다.

02 제 앞에 있는 모든 차가 충돌했습니다.

03 당신은 모든 고속도로를 이용해도 됩니다.

04 모든 가스레인지가 고장났습니다.

05 모든 대학생들은 예의를 갖춰 옷을 입어야 한다.

06 모두가 괜찮아졌습니다.

07 모두 다 해서 (가격이) 얼마인가요? / 모두 다 해서 몇 개인가요?

실전 연습 실전 패턴 인도네시아어 쓰기

01 모든 물건들은 빨리 정리되어야 한다.

02 제 앞에 있는 모든 사람들이 싸웠습니다.

03 당신은 모든 시설을 이용해도 됩니다.

fasilitas [파실리따스] 시설

04 모든 냉장고가 고장났습니다.

05 모든 참석자는 예의를 갖춰 옷을 입어야 한다.

peserta [쁘서르따] 참석자

06 모두가 회복했습니다.

07 모두 다 어디에 있습니까?

5 beberapa

몇몇의

정도

25b.mp3

• beberapa는 명사 앞에 위치해 명사의 수량을 나타내는 수량형용사로 [몇 몇의]라는 의미를 갖는다.

저 여자는 몇 명의 형제가 있다.

Wanita itu punya beberapa saudara.

와니따 이뚜 뿌냐 버버라빠 사우다라

의문문 저 여자는 몇 명의 형제가 있나요?

Apakah wanita itu punya beberapa saudara?

아빠까ㅎ 와니따 이뚜 뿌냐 버버라빠 사우다라?

Apa wanita itu punya beberapa saudara?

아빠 와니따 이뚜 뿌냐 버버라빠 사우다라?

Wanita itu punya beberapa saudara?

와니따 이뚜 뿌냐 버버라빠 사우다라?

부정문 저 여자는 몇 명의 형제가 없다.

Wanita itu tidak punya beberapa saudara.

와니따 이뚜 띠닥 뿌냐 버버라빠 사우다라

부정문 저 여자는 몇 명의 형제가 있는 게 아니라 한 명만 있다.

Wanita itu tidak punya beberapa saudara tapi satu saja.

와니따 이뚜 띠닥 뿌냐 버버라빠 사우다라 따삐 사뚜 사자

패턴 학습 패턴을 활용한 문장 확장

25p.mp3

- **Sudah beberapa kali.**
  수다ㅎ 버버라빠 깔리
  몇 번 해봤다.

- **Saya ingin meminjam uang untuk beberapa hari.**
  사야 잉인 머민잠 우앙 운뚝 버버라빠 하리
  저는 돈을 며칠 빌리고 싶습니다.

- **Anaknya bermain dengan beberapa temannya.**
  아낙냐 버르마인 등안 버버라빠 뜨만냐
  그의 자녀는 몇 명의 친구들과 논다.

- **Dia mau mengundang beberapa pelukis.**
  디아 마우 멍운당 버버라빠 쁠루끼스
  그녀는 몇 명의 화가들을 초대하기를 원한다.

- **Aku sudah mampir di beberapa tempat.**
  아꾸 수다ㅎ 맘삐르 디 버버라빠 뜸빳
  나는 이미 몇 곳을 들렀다.

- **Mereka menjual beberapa barang.**
  머레까 먼주알 버버라빠 바랑
  그들은 몇몇 물건을 판다.

- **Saya sudah membelinya beberapa.**
  사야 수다ㅎ 멈블리냐 버버라빠
  저는 이미 몇 개를 샀습니다.

25p.mp3

패턴 복습

패턴 문장 인도네시아어 복습

01 몇 번 해봤다.

02 저는 돈을 며칠 빌리고 싶습니다.

03 그의 자녀는 몇 명의 친구들과 논다.

04 그녀는 몇 명의 화가들을 초대하기를 원한다.

05 나는 이미 몇 곳을 들렀다.

06 그들은 몇몇의 물건을 판다.

07 저는 이미 몇 개를 샀습니다.

실전 연습 실전 패턴 인도네시아어 쓰기

01 나는 그를 몇 번 만나봤다.

02 저는 차를 며칠 빌리고 싶습니다.

03 그의 자녀는 몇 명의 친구들과 산다.

04 그녀는 몇 명의 선생님들을 초대하기를 원한다.

05 나는 아직 몇 곳을 못 들렀다.

06 그들은 몇몇의 약을 판다.

07 저는 이미 몇 개를 팔았습니다.

26 selalu

항상

빈도부사

26b.mp3

• selalu는 "얼마나 자주"를 나타내는 빈도부사 중 하나로 보통 서술어 앞에 위치한다.

우리는 항상 건강을 지켜야 합니다.

Kita harus selalu menjaga kesehatan.

끼따 하루스 슬랄루 먼자가 끄세핫딴

의문문 우리는 항상 건강을 지켜야 합니까?

Haruskah kita selalu menjaga kesehatan?

하루스까ㅎ 끼따 슬랄루 먼자가 끄세핫딴?

Apakah kita harus selalu menjaga kesehatan?

아빠까ㅎ 끼따 하루스 슬랄루 먼자가 끄세핫딴?

부정문 우리는 항상 건강을 지켜야 하는 것은 아닙니다.

Kita tidak harus selalu menjaga kesehatan.

끼따 띠닥 하루스 슬랄루 먼자가 끄세핫딴

부정문 우리는 항상 건강을 지키는 것은 아닙니다.

Kita tidak selalu menjaga kesehatan.

끼따 띠닥 슬랄루 먼자가 끄세핫딴

부정문 우리는 항상 건강을 지키지 않습니다.

Kita selalu tidak menjaga kesehatan.

끼따 슬랄루 띠닥 먼자가 끄세핫딴

패턴 학습 패턴을 활용한 문장 확장

26p.mp3

- **Jalan itu selalu macet.**
  잘란 이뚜 슬랄루 마쯧
  그 길은 항상 막혀요.

- **Dia selalu makan 2 porsi.**
  디아 슬랄루 마깐 두아 뽀르시
  그는 항상 2인분(두 그릇)을 먹는다.

- **Mereka selalu membantu saya.**
  머레까 슬랄루 멈반뚜 사야
  그들은 항상 저를 도와줍니다.

- **Aku selalu memakai ini.**
  아꾸 슬랄루 머마까이 이니
  나는 항상 이걸 사용한다.

- **Ayahku selalu ada di gereja.**
  아야ㅎ꾸 슬랄루 아다 디 그레자
  나의 아버지는 항상 교회에 계신다.

- **Polusi selalu ada di daerah ini.**
  뽈루시 슬랄루 아다 디 다에라ㅎ 이니
  오염은 이 지역에 항상 있다.

- **Dia selalu sakit karena efek samping.**
  디아 슬랄루 사낏 까르나 에펙 삼삥
  그녀는 부작용 때문에 항상 아프다.

26p.mp3

패턴 복습

패턴 문장 인도네시아어 복습

01 그 길은 항상 막혀요.

02 그는 항상 2인분(두 그릇)을 먹는다.

03 그들은 항상 저를 도와줍니다.

04 나는 항상 이걸 사용한다.

05 나의 아버지는 항상 교회에 계신다.

06 오염은 이 지역에 항상 있다.

07 그녀는 부작용 때문에 항상 아프다.

실전 연습 실전 패턴 인도네시아어 쓰기

01 그 길은 항상 붐벼요.

ramai [라마이] 붐비는

02 그는 항상 많이 먹는다.

03 그들은 항상 저를 사랑합니다.

mencintai [믄찐따이] 사랑하다

04 나는 항상 이걸 먹는다.

05 나의 아버지는 항상 그의 가게에 계신다.

06 음식은 이 집에 항상 있다.

07 그녀는 항상 건강하다.

kadang-kadang

빈도부사

가끔

27b.mp3

• [가끔, 이따금]이라는 뜻의 빈도부사로 [얼마나 자주]라는 의미의 "seberapa sering/kali" 의문문에서 자주 사용된다. kadang-kadang은 다른 빈도부사와 다르게 보통 빈도부사 앞에 부정어를 사용하지 않는다.

저의 부모님은 가끔 아침식사를 하십니다.

Orang tua saya kadang-kadang makan pagi.

오랑 뚜아 사야 까당 까당 마깐 빠기

의문문 **당신의 부모님은 가끔 아침식사를 하시나요?**

Apakah orang tua Anda kadang-kadang makan pagi?

아빠까ㅎ 오랑 뚜아 안다 까당 까당 마깐 빠기?

부정문 **저의 부모님은 가끔 아침식사를 안 하십니다.**

Orang tua saya kadang-kadang tidak makan pagi.

오랑 뚜아 사야 까당 까당 띠닥 마깐 빠기

상관접속사 **저의 부모님은 가끔이 아니라 언제나 아침식사를 안 하십니다.**

Orang tua saya bukan kadang-kadang tapi selalu tidak makan pagi.

오랑 뚜아 사야 부깐 까당 까당 따삐 슬랄루 띠닥 마깐 빠기

의문사가 있는 의문문 **당신의 부모님은 얼마나 자주 아침식사를 하시나요?**

Seberapa sering orang tua Anda makan pagi?

스버라빠 스링 오랑 뚜아 안다 마깐 빠기?

패턴 학습 패턴을 활용한 문장 확장

27p.mp3

- **Pacarku kadang-kadang minum kopi.**
  빠짜르꾸 까당 까당 미눔 꼬삐
  내 여자친구는 가끔 커피를 마신다.

- **Kadang-kadang kantin itu tutup.**
  까당 까당 깐띤 이뚜 뚜뚭
  가끔 그 구내식당은 문을 닫는다.

- **Kakakku kadang-kadang keluar.**
  까깍꾸 까당 까당 끌루아르
  내 오빠는 가끔 나간다.

- **Saya kadang-kadang berbelanja di supermarket.**
  사야 까당 까당 버르블란자 디 수뻐르말끗
  저는 가끔 슈퍼마켓에서 장을 봅니다.

- **Aku kadang-kadang memancing di laut.**
  아꾸 까당 까당 머만찡 디 라웃
  나는 가끔 바다에서 낚시를 해.

- **Dia kadang-kadang pergi ke gereja.**
  디아 까당 까당 뻐르기 끄 그레자
  그녀는 가끔 교회에 간다.

- **Saya kadang-kadang lupa.**
  사야 까당 까당 루빠
  저는 가끔 잊어버립니다.

27p.mp3

패턴 복습

패턴 문장 인도네시아어 복습

01 내 여자 친구는 가끔 커피를 마신다.

02 가끔 그 구내식당은 문을 닫는다.

03 내 오빠는 가끔 나간다.

04 저는 가끔 슈퍼마켓에서 장을 봅니다.

05 나는 가끔 바다에서 낚시를 해.

06 그녀는 가끔 교회에 간다.

07 저는 가끔 잊어버립니다.

실전 연습 실전 패턴 인도네시아어 쓰기

01 내 여자 친구는 가끔 술을 마신다.

minuman keras [미누만 끄라스] 술

02 가끔 그 구내식당은 사람이 많다.

03 내 오빠는 가끔 집에 온다.

pulang [뿔랑] 집에 오다

04 저는 가끔 시장에서 장을 봅니다.

05 나는 가끔 낚시하는 것을 좋아한다.

06 그녀는 가끔 집을 청소한다.

07 저는 가끔 운동합니다.

28 biasanya

보통

빈도부사

28b.mp3

- biasanya는 [보통, 일반적으로]라는 의미를 가지며 다른 빈도부사와 달리 문장 전체를 수식하기 위해 문두에 더 자주 위치한다.

보통 내 동생은 하루에 세 번 양치질을 한다.

Biasanya adikku menyikat gigi tiga kali setiap hari.

비아사냐 아딕꾸 므니깟 기기 띠가 깔리 스띠압 하리

의문문 **보통 네 동생은 하루에 세 번 양치질을 하니?**

Biasanya adikmu menyikat gigi tiga kali setiap hari?

비아사냐 아딕무 므니깟 기기 띠가 깔리 스띠압 하리?

부정문 **보통 내 동생은 하루에 세 번 양치질을 하지 않는다.**

Biasanya adikku tidak menyikat gigi tiga kali setiap hari.

비아사냐 아딕꾸 띠닥 므니깟 기기 띠가 깔리 스띠압 하리

상관접속사 **보통이 아니라 언제나 내 동생은 하루에 세 번 양치질을 한다.**

Bukan biasanya tapi adikku selalu menyikat gigi tiga kali setiap hari.

부깐 비아사냐 따뻬 아딕꾸 슬랄루 므니깟 기기 띠가 깔리 스띠압 하리

패턴 학습 패턴을 활용한 문장 확장

28p.mp3

- **Ibu saya biasanya suka memasak di dapur.**
  이부 사야 비아사냐 수까 머마삭 디 다뿌르
  저의 어머니는 보통 부엌에서 요리하는 것을 좋아하십니다.

- **Saya biasanya menabung 50% dari gaji.**
  사야 비아사냐 머나붕 리마뿔루ㅎ 다리 가지
  저는 보통 월급의 50%를 저금합니다.

- **Biasanya paman saya pergi ke kantor naik mobilnya.**
  비아사냐 빠만 사야 뻐르기 끄 깐또르 나익 모빌냐
  보통 저의 삼촌은 그의 차를 타고 출근합니다.

- **Aku biasanya bermain internet di rumah.**
  아꾸 비아사냐 버르마인 인떠르넷 디 루마ㅎ
  나는 보통 집에서 인터넷하고 논다.

- **Biasanya kamu sarapan?**
  비아사냐 까무 사라빤?
  보통 너는 아침을 먹니?

- **Biasanya jam berapa Anda bangun?**
  비아사냐 잠 버라빠 안다 방운?
  보통 당신은 몇 시에 일어나나요?

- **Biasanya kamu makan apa?**
  비아사냐 까무 마깐 아빠?
  보통 너는 무엇을 먹니?

28p.mp3

패턴 복습 패턴 문장 인도네시아어 복습

01 저의 어머니는 보통 부엌에서 요리하는 것을 좋아하십니다.

02 저는 보통 월급의 50%를 저금합니다.

03 보통 저의 삼촌은 그의 차를 타고 출근합니다.

04 나는 보통 집에서 인터넷하고 논다.

05 보통 너는 아침을 먹니?

06 보통 당신은 몇 시에 일어나나요?

07 보통 너는 무엇을 먹니?

실전 연습 실전 패턴 인도네시아어 쓰기

01 저의 어머니는 보통 거실에서 주무시는 것을 좋아하십니다.

02 저는 보통 매일 운동합니다.

setiap hari [스띠압 하리] 매일

03 보통 저의 삼촌은 기차를 타고 출근합니다.

04 나는 보통 집에서 동생과 논다.

adik [아딕] 동생

05 보통 너는 저녁을 몇 시에 먹니?

06 보통 당신은 몇 시에 자나요?

07 보통 너는 주말에 무엇을 하니?

akhir minggu [아키르 밍구] 주말

29 tidak(belum) pernah

빈도부사

전혀/한 번도 하지 않는

29b.mp3

• 뒤에 "sama sekali"를 함께 사용하여 [단 한 번도]하지 않았다는 것을 강조하기도 한다.

내 동생은 (여태껏) 틀린 적이 없다.

Adikku belum pernah salah sama sekali.

아딕꾸 블룸 뻐르나ㅎ 살라ㅎ 사마 스깔리

의문문 네 동생은 (여태껏) 틀린 적이 없니?

Apakah adikmu belum pernah salah?

아빠까ㅎ 아딕무 블룸 뻐르나ㅎ 살라ㅎ?

Apa adikmu belum pernah salah?

아빠 아딕무 블룸 뻐르나ㅎ 살라ㅎ?

Adikmu belum pernah salah?

아딕무 블룸 뻐르나ㅎ 살라ㅎ?

완전 부정문 내 동생은 틀리지 않는다.

Adikku tidak salah.

아딕꾸 띠닥 살라ㅎ

긍정문 내 동생은 틀려본 적이 있다.

Adikku pernah salah.

아딕꾸 뻐르나ㅎ 살라ㅎ

패턴 학습 패턴을 활용한 문장 확장

29p.mp3

- **Saya belum pernah ke Indonesia.**
  사야 블룸 뻐르나ㅎ 끄 인도네시아
  저는 아직 인도네시아에 가본 적이 없습니다.

- **Dia belum pernah mengajar bahasa Jepang.**
  디아 블룸 뻐르나ㅎ 멍아자르 바하사 즈빵
  그녀는 일본어를 가르쳐본 적이 없습니다.

- **Nenekku belum pernah berjalan-jalan.**
  네넥꾸 블룸 뻐르나ㅎ 버르잘란 잘란
  나의 할머니께서는 여행해본 적이 없으시다.

- **Batik di toko ini tidak pernah murah.**
  바띡 디 또꼬 이니 띠닥 뻐르나ㅎ 무라ㅎ
  이 가게의 바틱옷은 결코 싸지 않다.

- **Aku belum pernah malas.**
  아꾸 블룸 뻐르나ㅎ 말라스
  나는 게을러 본 적이 없다.

- **Mereka belum pernah mempunyai HP.**
  머레까 블룸 뻐르나ㅎ 멈뿌냐이 하뻬
  그들은 한 번도 핸드폰을 가져본 적이 없습니다.

- **Saya belum pernah naik ojek.**
  사야 블룸 뻐르나ㅎ 나익 오젝
  저는 오토바이 택시를 타본 적이 없습니다.

29p.mp3

패턴 복습 패턴 문장 인도네시아어 복습

01 저는 아직 인도네시아에 가본 적이 없습니다.

02 그녀는 일본어를 가르쳐본 적이 없습니다.

03 할머니께서는 여행해본 적이 없으시다.

04 이 가게의 바틱옷은 결코 싸지 않다.

05 나는 게을러 본 적이 없다.

06 그들은 한 번도 핸드폰을 가져본 적이 없습니다.

07 저는 오토바이 택시를 타본 적이 없습니다.

실전 연습 실전 패턴 인도네시아어 쓰기

01 저는 아직 자카르타에 가본 적이 없습니다.

02 그녀는 한국어를 가르쳐본 적이 없습니다.

03 할아버지께서는 여행해본 적이 없으시다.

04 이 가게의 옷은 결코 싸지 않다.

pakaian [빠까이안] 옷

05 나는 부지런해본 적이 없다.

06 그들은 한 번도 자동차를 가져본 적이 없습니다.

07 저는 비행기를 타본 적이 없습니다.

sering

자주

빈도부사

30b.mp3

• sering은 [자주, 종종]이라는 뜻의 빈도부사로 반드시 알아두어야 하는 빈도부사다.

모기가 자주 나타난다.

Nyamuk sering muncul.

냐묵 스링 문쭐

의문문 모기가 자주 나타나나요?

Apa nyamuk sering muncul?

아빠 냐묵 스링 문쭐?

Nyamuk sering muncul?

냐묵 스링 문쭐?

부정문 모기가 자주 나타나지 않는다.

Nyamuk tidak sering muncul.

냐묵 띠닥 스링 문쭐

Nyamuk sering tidak muncul.

냐묵 스링 띠닥 문쭐

의문사가 있는 의문문 모기가 얼마나 자주 나타나나요?

Seberapa sering nyamuk muncul?

스버라빠 스링 냐묵 문쭐?

패턴 학습 패턴을 활용한 문장 확장

30p.mp3

- **Lampu di Indonesia sering gelap.**
  람뿌 디 인도네시아 스링 글랍
  인도네시아에서는 전등이 종종 어둡다.

- **Celananya sering pendek.**
  쯜라나냐 스링 뻰덱
  그는 자주 짧은 바지를 입는다.

- **Kakek saya sering menelepon saya.**
  까깩 사야 스링 머넬레뽄 사야
  저의 할아버지께서는 자주 저에게 전화를 하십니다.

- **Belakangan ini sering lembap.**
  블라깡안 이니 스링 름밥
  최근에 자주 습기가 찬다.

- **Guru bahasa Indonesia sering buru-buru.**
  구루 바하사 인도네시아 스링 부루 부루
  인도네시아어 선생님은 자주 서두르신다.

- **Saya sering mandi.**
  사야 스링 만디
  저는 목욕을 자주 합니다.

- **Bapak sering marah.**
  바빡 스링 마라ㅎ
  아버지는 자주 화를 내신다.

30p.mp3

패턴 복습

패턴 문장 인도네시아어 복습

01 인도네시아에서는 전등이 종종 어둡다.

02 그는 자주 짧은 바지를 입는다.

03 저의 할아버지께서는 자주 저에게 전화를 하십니다.

04 최근에 자주 습기가 찬다.

05 인도네시아어 선생님은 자주 서두르신다.

06 저는 목욕을 자주 합니다.

07 아버지는 자주 화를 내신다.

실전 연습 실전 패턴 인도네시아어 쓰기

01 인도네시아 화장실에는 휴지가 종종 없다.

tisu [띠쑤] 휴지

02 그는 자주 짧은 치마를 입는다.

03 저의 부모님께서는 자주 저에게 전화를 하십니다.

orang tua [오랑 뚜아] 부모님

04 최근에 자주 바람이 분다.

05 한국 사람은 자주 서두른다.

06 저는 공부를 자주 합니다.

07 아버지는 자주 슬퍼하신다.

PART 2

하리(Hari) 편

PART 2 하리(Hari) 편

01 의문사 142

02 정도 202

03 전치사 218

04 접속사 250

siapa

누구

의문사

31b.mp3

• 인도네시아어의 구어체에서는 의문사의 위치가 유동적이다. Siapa는 보통 [누구]라는 의미로 사용되나 특이한 점은 [당신의 이름은 무엇입니까?]라고 이름을 물어볼 때도 siapa를 사용한다는 특징이 있다.

저 사람은 누구야?

Siapa orang itu?

시아빠 오랑 이뚜?

Orang itu siapa?

오랑 이뚜 시아빠?

저 안경 낀 사람은 누구야?

Siapa orang yang berkacamata itu?

시아빠 오랑 양 버르까짜마따 이뚜?

Orang yang berkacamata itu siapa?

오랑 양 버르까짜마따 이뚜 시아빠?

저 안경 낀 사람이 누구인지 너는 아니?

Kamu tahu siapa orang yang berkacamata itu?

까무 따우 시아빠 오랑 양 버르까짜마따 이뚜?

Kamu tahu orang yang berkacamata itu siapa?

까무 따우 오랑 양 버르까짜마따 이뚜 시아빠?

패턴 학습 패턴을 활용한 문장 확장

31p.mp3

- **Siapa nama Anda?**
  시아빠 나마 안다?
  당신의 이름은 무엇입니까?

- **Saya bicara dengan siapa?**
  사야 비짜라 등안 시아빠?
  누구세요?(제가 누구와 이야기하는 건지요?)

- **Ini topi siapa?**
  이니 또삐 시아빠?
  이것은 누구의 모자입니까?

- **Siapa yang panggil saya?**
  시아빠 양 빵길 사야?
  누가 저를 부르셨나요?

- **Atas nama siapa?**
  아따스 나마 시아빠?
  누구의 이름으로 (예약하시겠습니까)?

- **Ini siapa?**
  이니 시아빠
  누구세요?

- **Itu punya siapa?**
  이뚜 뿌냐 시아빠?
  그것은 누구의 것입니까?

31p.mp3

패턴 복습

패턴 문장 인도네시아어 복습

01 당신의 이름은 무엇입니까?

02 누구세요?(제가 누구와 이야기하는 건지요?)

03 이것은 누구의 모자입니까?

04 누가 저를 부르셨나요?

05 누구의 이름으로 (예약하시겠습니까)?

06 누구세요?

07 그것은 누구의 것입니까?

실전 연습 실전 패턴 인도네시아어 쓰기

01 네 남자 친구가 누구야?

02 저 사람은 누구인가요?

03 이것은 누구의 신발입니까?

04 누가 택시를 부르셨나요?

05 누구의 차례인가요?

giliran 차례

06 누가 이것을 먹었나요?

07 그것은 저의 것입니다.

kapan

언제

의문사

32b.mp3

• [kapan-kapan]과 같이 의문사를 두 번 사용하면 [~든지]를 의미하는 복합관계사가 된다. 같은 의미로 "의문사+saja" 또는 "의문사+pun"도 사용한다.

당신은 언제 가기를 원하십니까?

Kapan Anda mau pergi?

까빤 안다 마우 쁘르기?

Anda mau pergi kapan?

안다 마우 쁘르기 까빤?

당신은 언제 족자카르타에 가기를 원하십니까?

Kapan Anda mau pergi ke Yogyakarta?

까빤 안다 마우 쁘르기 끄 족자까르따?

Anda mau pergi ke Yogyakarta kapan?

안다 마우 쁘르기 끄 족자까르따 까빤?

당신은 언제 당신의 직장 동료들과 족자카르타에 가기를 원하십니까?

Kapan Anda mau pergi ke Yogyakarta dengan teman sekantor Anda?

까빤 안다 마우 쁘르기 끄 족자까르따 등안 뜨만 스깐또르 안다?

Anda mau pergi ke Yogyakarta dengan teman sekantor Anda kapan?

안다 마우 쁘르기 끄 족자까르따 등안 뜨만 스깐또르 안다 까빤?

패턴 학습 패턴을 활용한 문장 확장

32p.mp3

- **Kapan ulang tahun Anda?**
  까빤 울랑 따훈 안다?
  당신의 생일은 언제인가요?

- **Sejak kapan Anda mau menginap di hotel?**
  스작 까빤 안다 마우 멍이납 디 호뗄?
  당신은 언제부터 호텔에 머무실 예정입니까?

- **Kapan mau bertemu lagi?**
  까빤 마우 버르뜨무 라기?
  언제 다시 만날래?

- **Apa kamu tahu kapan itu akan mulai?**
  아빠 까무 따우 까빤 이뚜 아깐 물라이?
  너는 그것이 언제 시작할지 알고 있니?

- **Anda kapan pun boleh masuk.**
  안다 까빤 뿐 볼레ㅎ 마숙
  당신은 언제든지 들어와도 됩니다.

- **Musim hujannya kapan?**
  무심 후잔냐 까빤?
  우기가 언제인가요?

- **Kapan ke pasar?**
  까빤 끄 빠사르?
  언제 시장에 갈 거야?

32p.mp3

패턴 복습

패턴 문장 인도네시아어 복습

01 당신의 생일은 언제인가요?

02 당신은 언제부터 호텔에 머무실 예정입니까?

03 언제 다시 만날래?

04 너는 그것이 언제 시작할지 알고 있니?

05 당신은 언제든지 들어와도 됩니다.

06 우기가 언제인가요?

07 언제 시장에 갈 거야?

실전 연습 실전 패턴 인도네시아어 쓰기

01 언제 출발하세요?

berangkat [브랑깟] 떠나다, 출발하다

02 당신은 언제부터 인도네시아에 사실 예정입니까?

03 언제 다시 놀래?

04 너는 그것이 언제 끝날지 알고 있니?

05 우리는 언제든지 만날 수 있습니다.

06 건기가 언제인가요?

musim kemarau [무심 끄마라우] 건기

07 언제 학교에 갈 거야?

sekolah [스꼴라ㅎ] 학교

apa

무엇을

의문사

33b.mp3

• [무엇]이라는 의문사로 단독으로 쓰이기도 하며 명사와 결합하여 [무슨 또는 어떤]의 의미를 갖기도 한다.

그것은 무엇이야?

Apa itu?

아빠 이뚜?

Itu apa?

이뚜 아빠?

그 책상 위에 있는 것은 무엇이야?

Apa yang ada di atas meja itu?

아빠 양 아다 브라다 디 아따스 메자 이뚜?

Yang ada di atas meja itu apa?

양 브라다 디 아따스 메자 이뚜 아빠?

그 책상 위에 있는 파란색은 무엇이야?

Apa yang ada di atas meja dan berwarna biru itu?

아빠 양 아다 브라다 디 아따스 메자 단 버르와르나 비루 이뚜?

Yang ada di atas meja dan berwarna biru itu apa?

양 아다 디 아따스 메자 단 버르와르나 비루 이뚜 아빠?

패턴 학습 패턴을 활용한 문장 확장

33p.mp3

- **Apa kabar?**
  아빠 까바르?
  어떻게 지내세요?

- **Tidak apa-apa.**
  띠닥 아빠 아빠
  괜찮아요.

- **Apa pun boleh.**
  아빠 뿐 볼레ㅎ
  무엇이든 괜찮습니다.

- **Kamu khawatir tentang apa?**
  까무 카와띠르 뜬땅 아빠?
  너는 무엇에 대해 걱정하니?

- **Apa perkerjaan Anda?**
  아빠 뻐꺼르자안 안다?
  당신은 어떤 일을 하시나요?

- **Mau apa?**
  마우 아빠?
  무엇을 원하세요?

- **Apa warna itu?**
  아빠 와르나 이뚜?
  그것은 무슨 색깔입니까?

33p.mp3

패턴 복습

패턴 문장 인도네시아어 복습

01 어떻게 지내세요?

02 괜찮아요.

03 무엇이든 괜찮습니다.

04 너는 무엇에 대해 걱정하니?

05 당신은 어떤 일을 하시나요?

06 무엇을 원하세요?

07 그것은 무슨 색깔입니까?

실전 연습 실전 패턴 인도네시아어 쓰기

01 오늘은 무슨 요일입니까?

02 무엇을 타고 가시겠습니까?

03 무엇이든 좋습니다.

04 너는 무엇에 대해 생각하니?

berpikir [버르삐끼르] 생각하다

05 당신은 무엇을 물어보고 싶으신가요?

06 무엇을 주문하시겠어요?

07 당신은 무슨 색깔을 좋아합니까?

4 bagaimana

어떻게

의문사

34b.mp3

• bagaimana는 '바가이마나'라고도 읽고 '바게이마나'라고도 읽는다. 비격식체에서는 줄여서 gimana '기마나' 라고도 한다.

날씨가 어떻습니까?

Cuacanya bagaimana?
쭈아짜냐 바가이마나?

Bagaimana cuacanya?
바가이마나 쭈아짜냐?

자카르타의 날씨가 어떻습니까?

Cuacanya bagaimana di Jakarta?
쭈아짜냐 바가이마나 디 자까르따?

Bagaimana cuaca di Jakarta?
바가이마나 쭈아짜 디 자까르따?

우기에는 자카르타 날씨가 어떻습니까?

Cuacanya bagaimana di Jakarta pada musim hujan?
쭈아짜냐 바가이마나 디 자까르따 빠다 무심 후잔?

Bagaimana cuaca di Jakarta pada musim hujan?
바가이마나 쭈아짜 디 자까르따 빠다 무심 후잔?

패턴 학습 패턴을 활용한 문장 확장

34p.mp3

- **Bagaimana rasa rendang itu?**
  바가이마나 라사 른당 이뚜?
  그 른당의 맛은 어떻습니까?

- **Bagaimana kamu akan ke sana?**
  바가이마나 까무 아깐 끄 사나?
  너는 거기에 어떻게 갈 거니?

- **Bagaimana cara membuat sambal?**
  바가이마나 짜라 멈부앗 삼발?
  삼발은 어떻게 만드나요?

- **Bagaimana kalau kita berjalan-jalan bersama?**
  바가이마나 깔라우 끼따 버르잘란 잘란 버르사마?
  우리 같이 여행하는 게 어때?

- **Bagaimana dia sekarang?**
  바가이마나 디아 스까랑?
  그는 지금 어떻습니까?

- **Bagaimana kabarnya?**
  바가이마나 까바르냐?
  어떻게 지내시나요?

- **Caranya bagaimana?**
  짜라냐 바가이마나?
  어떻게 하는 건가요?

34p.mp3

패턴 복습

패턴 문장 인도네시아어 복습

01 그 른당의 맛은 어떻습니까?

02 너는 거기에 어떻게 갈 거니?

03 삼발은 어떻게 만드나요?

04 우리 같이 여행하는 게 어때?

05 그는 지금 어떻습니까?

06 어떻게 지내시나요?

07 어떻게 하는 건가요?

실전 연습 실전 패턴 인도네시아어 쓰기

01 그 음식의 맛은 어떻습니까?

02 너는 발리에 어떻게 갈 거니?

03 나시고렝은 어떻게 만드나요?

04 우리 같이 가는 게 어때?

05 이것은 어떻습니까?

06 당신 생각에는 어떤가요?

menurut [머누룻] ~에 따르면

07 인도네시아 사람은 어떤가요?

35 mana

어느

의문사

35b.mp3

• mana는 [어느]라는 뜻으로 보통 dari, ke, di 등의 전치사와 함께 쓰이거나 명사와 함께 결합되어 사용된다.

너는 어느 파티에 참석할 거야?

Kamu mau ikut pesta yang mana?

까무 마우 이꿋 뻬스따 양 마나?

Pesta yang mana yang mau kamu ikuti?

뻬스따 양 마나 양 마우 까무 이꾸띠?

너는 오늘 밤에 어느 파티에 참석할 거야?

Kamu mau ikut pesta yang mana malam ini?

까무 마우 이꿋 뻬스따 양 마나 말람 이니?

Pesta yang mana yang mau kamu ikuti malam ini?

뻬스따 양 마나 양 마우 까무 이꾸띠 말람 이니?

너는 오늘 밤에 네 차를 타고 어느 파티에 참석할 거야?

Kamu mau ikut pesta yang mana pakai mobilmu malam ini?

까무 마우 이꿋 뻬스따 양 마나 빠까이 모빌무 말람 이니?

Pesta yang mana yang mau kamu ikuti pakai mobilmu malam ini?

뻬스따 양 마나 양 마우 까무 이꾸띠 빠까이 모빌무 말람 이니?

패턴 학습 패턴을 활용한 문장 확장

35p.mp3

- **Anda berasal dari mana?**
  안다 브라살 다리 마나?
  당신은 어디 출신입니까?

- **Saya mau pergi ke mana-mana untuk liburan ini.**
  사야 마우 빠르기 끄 마나 마나 운뚝 리부란 이니
  저는 이번 휴가에 어디든 가고 싶습니다.

- **Saya harus membaca sampai mana?**
  사야 하루스 멈바짜 삼빠이 마나?
  저는 어디까지 읽어야 하나요?

- **Arahnya ke mana?**
  아라ㅎ냐 끄 마나?
  방향이 어느 쪽인가요?

- **Pacarmu ada di mana?**
  빠짜르무 아다 디 마나?
  네 애인은 어디 있니?

- **Anda mau yang mana?**
  안다 마우 양 마나?
  당신은 어느 것을 원하시나요?

- **Cari yang mana?**
  짜리 양 마나?
  어느 것을 찾으세요?

35p.mp3

패턴 복습

패턴 문장 인도네시아어 복습

01 당신은 어디 출신입니까?

02 저는 이번 휴가에 어디든 가고 싶습니다.

03 저는 어디까지 읽어야 하나요?

04 방향이 어느 쪽인가요?

05 네 애인은 어디 있니?

06 당신은 어느 것을 원하시나요?

07 어느 것을 찾으세요?

실전 연습 실전 패턴 인도네시아어 쓰기

01 당신은 어디에 갔다 오십니까?

02 너는 어느 회의에 참석할 거야?

03 저는 어디까지 가야 하나요?

04 어디에 가?

05 네 부모님은 어디 계시니?

06 제가 어느 것을 살 수 있나요?

07 당신은 어디에 살고 있나요?

36 mengapa

왜

의문사

36b.mp3

• mengapa는 의문사들 중 유동성이 가장 적은 의문사로 같은 의미의 Sebabnya apa가 있으며 상황에 따라 단독으로도 사용 가능하다. 비격식체로는 kenapa가 있다.

당신은 왜 공부합니까?

Mengapa Anda belajar?

멍아빠 안다 블라자르?

Sebabnya apa Anda belajar?

스밥냐 아빠 안다 블라자르?

당신은 왜 인도네시아어를 공부합니까?

Mengapa Anda belajar bahasa Indonesia?

멍아빠 안다 블라자르 바하사 인도네시아?

Sebabnya apa Anda belajar bahasa Indonesia?

스밥냐 아빠 안다 블라자르 바하사 인도네시아?

당신은 왜 인도네시아어를 열심히 공부합니까?

Mengapa Anda belajar bahasa Indonesia dengan rajin?

멍아빠 안다 블라자르 바하사 인도네시아 등안 라진?

Sebabnya apa Anda belajar bahasa Indonesia dengan rajin?

스밥냐 아빠 안다 블라자르 바하사 인도네시아 등안 라진?

패턴 학습 패턴을 활용한 문장 확장

36p.mp3

- **Mengapa Anda suka bermain sepak bola?**
  멍아빠 안다 수까 버르마인 세빡 볼라?
  왜 당신은 축구하는 것을 좋아하나요?

- **Mengapa Anda terlambat?**
  멍아빠 안다 떠를람밧?
  당신은 왜 늦었습니까?

- **Minta kasih tahu mengapa dia tidak mau.**
  민따 까시ㅎ 따우 멍아빠 디아 띠닥 마우
  왜 그가 원하지 않는지 알려주세요.

- **Kamu tahu mengapa bapak sedang tertawa?**
  까무 따우 멍아빠 바빡 스당 떠르따와?
  너는 왜 아버지께서 지금 웃고 계신지 알아?

- **Akhir-akhir ini, mengapa cuacanya aneh?**
  아키르 아키르 이니, 멍아빠 쭈아짜냐 아네ㅎ?
  요즘 날씨가 왜 이상하지?

- **Mengapa kamu beristirahat sekarang?**
  멍아빠 까무 버르이스띠라핫 스까랑?
  왜 너는 지금 쉬고 있니?

- **Mengapa mereka perlu handuk?**
  멍아빠 머레까 뻐를루 한둑?
  그들은 왜 수건이 필요한가요?

36p.mp3

패턴 복습

패턴 문장 인도네시아어 복습

01 왜 당신은 축구하는 것을 좋아하나요?

02 당신은 왜 늦었습니까?

03 왜 그가 원하지 않는지 알려주세요.

04 너는 왜 아버지께서 지금 웃고 계시는지 알아?

05 요즘 날씨가 왜 이상하지?

06 왜 너는 지금 쉬고 있니?

07 그들은 왜 수건이 필요한가요?

실전 연습 실전 패턴 인도네시아어 쓰기

01 왜 당신은 피아노 치는 것을 좋아하나요?

piano [삐아노] 피아노

02 당신은 왜 화가 났습니까?

03 왜 그가 이것을 원하는지 알려주세요.

04 너는 왜 할아버지께서 지금 웃고 계시는지 알아?

05 요즘 기분이 왜 이상하지?

rasa 기분

06 왜 너는 지금 일하고 있니?

07 그들은 왜 의자가 필요한가요?

• berapa는 보통 다른 명사나 형용사와 함께 결합되어 사용된다.

그분은 나이가 어떻게 되시니?

Berapa umur beliau?
버라빠 우무르 블리아우?

Umur beliau berapa?
우무르 블리아우 버라빠?

올해 그분은 나이가 어떻게 되시니?

Berapa umur beliau tahun ini?
버라빠 우무르 블리아우 따훈 이니?

Umur beliau berapa tahun ini?
우무르 블리아우 버라빠 따훈 이니?

너는 올해 그분 나이가 어떻게 되시는지 아니?

Kamu tahu berapa umur beliau tahun ini?
까무 따우 버라빠 우무르 블리아우 따훈 이니?

Kamu tahu umur beliau berapa tahun ini?
까무 따우 버라빠 우무르 블리아우 버라빠 따훈 이니?

패턴 학습 패턴을 활용한 문장 확장

37p.mp3

- **Berapa lama Anda bekerja di sini?**
  버라빠 라마 안다 버꺼르자 디 시니?
  얼마나 오랫동안 당신은 여기에서 일을 하셨나요?

- **Berapa jauh rumah Anda dari sini?**
  버라빠 자우ㅎ 루마ㅎ 안다 다리 시니?
  당신의 집은 여기에서 얼마나 먼가요?

- **Berapa harga itu?**
  버라빠 하르가 이뚜?
  그것은 가격이 얼마인가요?

- **Berapa tinggi Anda?**
  버라빠 띵기 안다?
  당신은 키가 얼마인가요?

- **Berapa orang yang akan hadir?**
  버라빠 오랑 양 아깐 하디르?
  몇 분이 참석하실 건가요?

- **Di Indonesia ada berapa musim?**
  디 인도네시아 아다 버라빠 무심?
  인도네시아에는 몇 개의 계절이 있나요?

- **Sabunnya perlu berapa?**
  사분냐 뻐를루 버라빠?
  비누가 몇 개 필요한가요?

37p.mp3

패턴 복습 패턴 문장 인도네시아어 복습

01 얼마나 오랫동안 당신은 여기에서 일을 하셨나요?

02 당신의 집은 여기에서 얼마나 먼가요?

03 그것은 가격이 얼마인가요?

04 당신은 키가 얼마인가요?

05 몇 분이 참석하실 건가요?

06 인도네시아에는 몇 개의 계절이 있나요?

07 비누가 몇 개 필요한가요?

실전 연습 실전 패턴 인도네시아어 쓰기

01 얼마나 오랫동안 당신은 여기에서 사셨나요?

02 당신의 회사는 여기에서 얼마나 먼가요?

kantor [깐또르] 사무실, 회사

03 얼마나 원하시나요?

04 당신은 몸무게가 얼마인가요?

berat badan [브랏 바단] 몸무게

05 몇 분이 오실 건가요?

datang [다땅] 오다

06 한국에는 몇 개의 계절이 있나요?

07 칫솔이 몇 개 필요한가요?

38 Jam berapa

몇 시

의문사

38b.mp3

• 단어의 어순에 따라 [몇 시간]을 뜻하는지 [몇 시]를 뜻하는지 달라지기 때문에 유의해서 사용해야 한다.

지금은 몇 시인가요?

Jam berapa **sekarang?**

잠 버라빠 스까랑?

Sekarang jam berapa?

스까랑 잠 버라빠?

지금 한국은 몇 시인가요?

Jam berapa **sekarang di Korea Selatan?**

잠 버라빠 스까랑 디 꼬레아 슬라딴?

Sekarang jam berapa **di Korea Selatan?**

스까랑 잠 버라빠 디 꼬레아 슬라딴?

나는 지금 한국이 몇 시인지 알아.

Aku tahu jam berapa **sekarang di Korea Selatan.**

아꾸 따우 잠 버라빠 스까랑 디 꼬레아 슬라딴

Aku tahu sekarang jam berapa **di Korea Selatan.**

아꾸 따우 스까랑 잠 버라빠 디 꼬레아 슬라딴

패턴 학습 패턴을 활용한 문장 확장

38p.mp3

- **Jam berapa matahari terbit?**

  잠 버라빠 마따하리 떠르빗?

  몇 시에 해가 뜨나요?

- **Jam berapa mau bertemu?**

  잠 버라빠 마우 버르뜨무?

  몇 시에 만날까?

- **Kira-kira jam berapa akan dijemput?**

  끼라 끼라 잠 버라빠 아깐 디즘뿟?

  몇 시쯤에 데리러 올 건가요?

- **Biasanya jam berapa kamu makan siang?**

  비아사냐 잠 버라빠 까무 마깐 씨앙?

  보통 너는 몇 시에 점심을 먹니?

- **Jam berapa itu tutup?**

  잠 버라빠 이뚜 뚜뚭?

  그곳은 몇 시에 닫나요?

- **Jam berapa tiba di sini?**

  잠 버라빠 띠바 디 시니?

  여기에 몇 시에 도착하나요?

- **Jam berapa naik pesawat?**

  잠 버라빠 나익 쁘사왓

  몇 시에 비행기를 타나요?

38p.mp3

패턴 복습

패턴 문장 인도네시아어 복습

01 몇 시에 해가 뜨나요?

02 몇 시에 만날까?

03 몇 시쯤에 데리러 올 건가요?

04 보통 너는 몇 시에 점심을 먹니?

05 몇 시에 닫나요?

06 여기에 몇 시에 도착하나요?

07 몇 시에 비행기를 타나요?

실전 연습 실전 패턴 인도네시아어 쓰기

01 몇 시에 도서관에 가나요?

02 몇 시에 예약을 원하시나요?

03 몇 시쯤에 데려다주실 건가요?

antar [안따르] 데려다주다

04 보통 너는 몇 시에 아침을 먹니?

05 몇 시에 여나요?

06 여기에서 몇 시에 출발하나요?

07 몇 시에 비행기가 여기 도착하나요?

berapa jam

몇 시간

의문사

39b.mp3

• berapa jam은 기간을 묻는 의미로 숫자를 붙일 때도 마찬가지로 2 jam은 [2시간]을, jam 2는 [2시]를 의미한다.

너는 몇 시간을 공부하니?

Berapa jam **kamu belajar?**

버라빠 잠 까무 블라자르?

Kamu belajar berapa jam?

까무 블라자르 버라빠 잠?

너는 학교에서 몇 시간을 공부하니?

Berapa jam **kamu belajar di sekolah?**

버라빠 잠 까무 블라자르 디 스꼴라ㅎ?

Kamu belajar berapa jam **di sekolah?**

까무 블라자르 버라빠 잠 디 스꼴라ㅎ?

너는 학교에서 영어를 몇 시간 공부하니?

Berapa jam **kamu belajar bahasa Inggris di sekolah?**

버라빠 잠 까무 블라자르 바하사 잉그리스 디 스꼴라ㅎ?

Kamu belajar bahasa Inggris berapa jam **di sekolah?**

까무 블라자르 바하사 잉그리스 버라빠 잠 디 스꼴라ㅎ?

패턴 학습 패턴을 활용한 문장 확장

39p.mp3

- **Anda menunggu di sini berapa jam?**
  안다 머눙구 디 시니 버라빠 잠?
  당신은 여기에서 몇 시간을 기다렸나요?

- **Penerbangannya berapa jam?**
  쁘너르방안냐 버라빠 잠?
  비행기를 몇 시간 타나요?

- **Berapa jam perbedaan Jakarta dengan Seoul?**
  버라빠 잠 뻐르베다아안 자까르따 등안 세울?
  자카르타와 서울은 몇 시간 시차가 나나요?

- **Berapa jam bayi tidur?**
  버라빠 잠 바이 띠두르?
  아기는 몇 시간을 자나요?

- **Berapa jam sekali popok bayi harus diganti?**
  버라빠 잠 스깔리 뽀뽁 바이 하루스 디간띠?
  몇 시간에 한 번씩 아기 기저귀를 갈아줘야 하나요?

- **Berapa jam Anda belajar setiap hari?**
  버라빠 잠 안다 블라자르 스띠압 하리
  당신은 매일 몇 시간 공부하나요?

- **Perlunya berapa jam?**
  뻐를루냐 버라빠 잠?
  몇 시간이 필요한가요?

39p.mp3

패턴 복습 패턴 문장 인도네시아어 복습

01 당신은 여기에서 몇 시간을 기다렸나요?

02 비행기를 몇 시간 타나요?

03 자카르타와 서울은 몇 시간 시차가 나나요?

04 아기는 몇 시간을 자나요?

05 몇 시간에 한 번씩 아기 기저귀를 갈아줘야 하나요?

06 당신은 매일 몇 시간 공부하나요?

07 몇 시간이 필요한가요?

실전 연습 실전 패턴 인도네시아어 쓰기

01 당신은 몇 시간을 요리했나요?

02 당신은 몇 시간 동안 일을 하나요?

03 발리와 자카르타는 몇 시간 시차가 나나요?

04 하루에 몇 시간 동안 TV를 보나요?

menonton 보다 per hari 하루에

05 몇 시간에 한 번씩 아기 옷을 갈아입혀 줘야 하나요?

baju [바주] 옷

06 당신은 일주일에 몇 시간 운동하나요?

setiap minggu 매주

07 당신은 매일 몇 시간을 자나요?

tanggal berapa

의문사

며칠에

40b.mp3

• 날짜를 물어볼 때 사용하는 tanggal berapa도 단어의 어순이 바뀌면 의미가 달라지므로 반드시 어순을 지키도록 한다.

며칠이야?

Tanggal berapa?

땅갈 버라빠?

어제는 며칠이었어?

Kemarin tanggal berapa?

끄마린 땅갈 버라빠?

Tanggal berapa kemarin?

땅갈 버라빠 끄마린?

이슬람력으로 어제가 며칠이야?

Kemarin tanggal berapa menurut kalender Hijriah?

끄마린 땅갈 버라빠 머누룻 깔렌더르 히즈라ㅎ(히즈리아ㅎ)?

Tanggal berapa kemarin menurut kalender Hijriah?

땅갈 버라빠 끄마린 머누룻 깔렌더르 히즈라ㅎ(히즈리아ㅎ)?

Menurut kalender Hijriah kemarin tanggal berapa?

머누룻 깔렌더르 히즈라ㅎ(히즈리아ㅎ) 끄마린 땅갈 버라빠?

패턴 학습 패턴을 활용한 문장 확장

40p.mp3

- **Dari tanggal berapa liburan Lebaran akan dimulai?**
  다리 땅갈 버라빠 리부란 르바란 아깐 디물라이?
  며칠부터 르바란 휴가가 시작되니?

- **Sekitar tanggal berapa kamu akan pindah?**
  스끼따르 땅갈 버라빠 까무 아깐 삔다ㅎ?
  너는 대략 며칠에 이사할 거니?

- **Anda mau berlibur pada tanggal berapa?**
  안다 마우 버를리부르 빠다 땅갈 버라빠?
  당신은 며칠에 놀러가시나요?

- **Pendaftarannya sampai tanggal berapa?**
  뻔다프따란냐 삼빠이 땅갈 버라빠?
  등록이 며칠까지야?

- **Tanggal berapa Anda membuka tokonya?**
  땅갈 버라빠 안다 멈부까 또꼬냐?
  당신은 며칠에 가게를 오픈하나요?

- **Besok tanggal berapa?**
  베속 땅갈 버라빠?
  내일은 며칠인가요?

- **Tanggal berapa Anda ke Jakarta?**
  땅갈 버라빠 안다 끄 자까르따?
  당신은 며칠에 자카르타로 갑니까?

40p.mp3

패턴 복습

패턴 문장 인도네시아어 복습

01 며칠부터 르바란 휴가가 시작되니?

02 너는 대략 며칠에 이사하니?

03 당신은 며칠에 놀러가시나요?

04 등록이 며칠까지야?

05 당신은 며칠에 가게를 오픈하나요?

06 내일은 며칠인가요?

07 당신은 며칠에 자카르타로 갑니까?

실전 연습 실전 패턴 인도네시아어 쓰기

01 며칠부터 휴가가 시작되니?

02 너는 대략 며칠에 여기에 올 거야?

03 그것은 며칠에 시작하나요?

04 학교가 며칠까지인가요?

05 당신은 며칠에 예약을 원하시나요?

06 어제는 며칠이었나요?

07 당신은 며칠에 여기에 도착합니까?

berapa hari

의문사

며칠 동안

41b.mp3

• tanggal은 [날짜]를 뜻하는 단어로 며칠 동안이라고 할 때는 tanggal이라는 단어를 쓰지 않으며 [날 또는 일]을 뜻하는 hari라는 단어를 사용하므로 주의하자.

저는 치료를 받아야 하나요?

Saya harus dirawat?

사야 하루스 디라왓?

저는 병원에 입원해야 하나요?

Di rumah sakit saya harus dirawat?

디 루마ㅎ 사낏 사야 하루스 디라왓?

Saya harus dirawat di rumah sakit?

사야 하루스 디라왓 디 루마ㅎ 사낏?

저는 며칠 동안 입원해야 하나요?

Selama berapa hari saya harus dirawat di rumah sakit?

슬라마 버라빠 하리 사야 하루스 디라왓 디 루마ㅎ 사낏?

Saya harus dirawat di rumah sakit selama berapa hari?

사야 하루스 디라왓 디 루마ㅎ 사낏 슬라마 버라빠 하리?

Berapa hari saya harus dirawat di rumah sakit?

버라빠 하리 사야 하루스 디라왓 디 루마ㅎ 사낏?

패턴 학습 패턴을 활용한 문장 확장

41p.mp3

- **Untuk berapa hari?**
  운뚝 버라빠 하리?
  며칠 동안이요?

- **Sudah berapa hari?**
  수다ㅎ 버라빠 하리?
  며칠 되었나요?

- **Berapa hari film itu ditayangkan di bioskop?**
  버라빠 하리 필름 이뚜 디따양깐 디 비오스꼽?
  그 영화는 며칠 동안 영화관에서 상영한대?

- **Sudah berapa hari Anda sakit perut?**
  수다ㅎ 버라빠 하리 안다 사낏 쁘룻?
  배가 아픈 지 며칠 되었나요?

- **Kamu tidak mengganti baju sudah berapa hari?**
  까무 띠닥 뭉간띠 바주 수다ㅎ 버라빠 하리?
  너는 옷을 갈아입지 않은 지 며칠 되었니?

- **Tutup tokonya berapa hari?**
  뚜뚭 또꼬냐 버라빠 하리?
  가게는 며칠 동안 닫나요?

- **Liburannya berapa hari?**
  리부란냐 버라빠 하리?
  휴가가 며칠인가요?

41p.mp3

패턴 복습

패턴 문장 인도네시아어 복습

01 며칠 동안이요?

02 며칠 되었나요?

03 그 영화는 며칠 동안 영화관에서 상영한대?

04 배가 아픈 지 며칠 되었나요?

05 너는 옷을 갈아입지 않은 지 며칠 되었니?

06 가게는 며칠 동안 닫나요?

07 휴가가 며칠인가요?

실전 연습

실전 패턴 인도네시아어 쓰기

01 며칠 동안 원하시나요?

02 인도네시아에 사신 지 며칠 되셨나요?

03 며칠 동안 여행 가시나요??

04 눈이 아픈 지 며칠 되었나요?

mata [마따] 눈

05 너는 공부를 안 한 지 며칠 되었니?

06 며칠 동안 일하시나요?

07 그 축제는 며칠 동안 하나요?

pesta [빼스따] 축제, 파티

tahun berapa

몇 년도에

의문사

42b.mp3

• tahun berapa도 berapa jam과 마찬가지로 단어의 순서에 따라 의미가 달라진다. tahun berapa는 [년도]를 묻는 표현이며 berapa tahun은 [몇 년 동안]인지 기간을 묻는 의미이므로 유의한다.

몇 년도에 아버지께서 가셨나요?

Tahun berapa Bapak pergi?

따훈 버라빠 바빡 뻐르기?

Bapak pergi (pada) tahun berapa?

바빡 뻐르기 (빠다) 따훈 버라빠?

몇 년도에 아버지께서 출장을 가셨나요?

Tahun berapa Bapak pergi dinas?

따훈 버라빠 바빡 뻐르기 디나스?

Bapak pergi dinas (pada) tahun berapa?

바빡 뻐르기 디나스 (빠다) 따훈 버라빠?

몇 년도에 아버지께서 외국으로 출장을 가셨나요?

Tahun berapa Bapak pergi dinas ke luar negeri?

따훈 버라빠 바빡 뻐르기 디나스 끄 루아르 네그리?

Bapak pergi dinas ke luar negeri (pada) tahun berapa?

바빡 뻐르기 디나스 끄 루아르 네그리 (빠다) 따훈 버라빠?

패턴 학습 패턴을 활용한 문장 확장

42p.mp3

- **Tahun berapa Anda ke Indonesia?**
  따훈 버라빠 안다 끄 인도네시아?
  몇 년도에 당신은 인도네시아에 가셨습니까?

- **Anda menikah pada tahun berapa?**
  안다 머니까ㅎ 빠다 따훈 버라빠?
  당신은 몇 년도에 결혼을 하셨나요?

- **Tahun berapa Belanda menjajah Indonesia?**
  따훈 버라빠 블란다 믄자자ㅎ 인도네시아?
  몇 년도에 네덜란드는 인도네시아를 지배했나요?

- **Tahun berapa kamu pulang ke kampung?**
  따훈 버라빠 까무 뿔랑 끄 깜뿡?
  너는 몇 년도에 고향에 갔니?

- **Sekarang kuliah tahun ke berapa?**
  스까랑 꿀리아ㅎ 따훈 끄 버라빠?
  지금 몇 학년이니?

- **Tahun berapa Anda mulai kerja?**
  따훈 버라빠 안다 물라이 꺼르자?
  몇 년도에 일을 시작하셨나요?

- **Tahun berapa Anda pindah?**
  따훈 버라빠 안다 삔다ㅎ
  몇 년도에 당신은 이사를 하셨나요?

42p.mp3

패턴 복습

패턴 문장 인도네시아어 복습

01 몇 년도에 당신은 인도네시아에 가셨습니까?

02 당신은 몇 년도에 결혼을 하셨나요?

03 몇 년도에 네덜란드는 인도네시아를 지배했나요?

04 너는 몇 년도에 고향에 갔니?

05 지금 몇 학년이니?

06 몇 년도에 일을 시작하셨나요?

07 몇 년도에 당신은 이사를 하셨나요?

실전 연습 실전 패턴 인도네시아어 쓰기

01 몇 년도에 당신은 한국에 오셨습니까?

02 당신은 몇 년도에 입사하셨나요?

masuk perusahaan [마숙 뻐르우사하안] 입사하다

03 몇 년도에 일본은 한국을 지배했나요?

Jepang [즈빵] 일본

04 너는 몇 년도에 발리에 갔니?

05 몇 년도에 당신은 보험을 취소했습니까?

membatalkan [멈바딸깐] 취소하다

06 몇 년도에 처음 인도네시아에 오셨나요?

pertama kali [뻐르따마 깔리] 처음

07 몇 년도에 당신은 남자 친구를 처음 만났나요?

berapa tahun

몇 년 동안

의문사

43b.mp3

• 과거에 일어난 일에 대해 기간을 물을 때는 보통 sudah와 함께 쓰는 것이 자연스럽다.

그들이 그것을 판매한 지 몇 년이 되었지?

Sudah berapa tahun mereka menjual itu?
수다ㅎ 버라빠 따훈 머레까 먼주알 이뚜?

Mereka menjual itu sudah berapa tahun?
머레까 먼주알 이뚜 수다ㅎ 버라빠 따훈

그들이 그 닭튀김요리를 판 지 몇 년이 되었지?

Sudah berapa tahun mereka menjual ayam goreng itu?
수다ㅎ 버라빠 따훈 머레까 먼주알 아얌 고렝 이뚜?

Mereka menjual ayam goreng itu sudah berapa tahun?
머레까 먼주알 아얌 고렝 이뚜 수다ㅎ 버라빠 따훈?

그들이 그 식당에서 닭튀김요리를 판 지 몇 년이 되었지?

Sudah berapa tahun mereka menjual ayam goreng di warung itu?
수다ㅎ 버라빠 따훈 머레까 먼주알 아얌 고렝 디 와룽 이뚜?

Mereka menjual ayam goreng di warung itu sudah berapa tahun?
머레까 먼주알 아얌 고렝 디 와룽 이뚜 수다ㅎ 버라빠 따훈?

패턴 학습 패턴을 활용한 문장 확장

43p.mp3

- **Sudah berapa tahun kita kerja bersama?**
  수다ㅎ 버라빠 따훈 끼따 꺼르자 버르사마?
  우리가 몇 년 동안 함께 일했지?

- **Pacarannya sudah berapa tahun?**
  빠짜란냐 수다ㅎ 버라빠 따훈?
  너네 사귄 지 몇 년 되었지?

- **Sudah Berapa tahun kita pakai ini?**
  수다ㅎ 버라빠 따훈 끼따 빠까이 이니?
  우리가 이것을 사용한 지 몇 년 되었지?

- **Selama beberapa tahun.**
  슬라마 버버라빠 따훈.
  몇 년 동안이요.

- **Sudah berapa tahun kamu memelihara burung itu?**
  수다ㅎ 버라빠 따훈 까무 므믈리하라 부룽 이뚜?
  네가 그 새를 키운 지 몇 년 되었지?

- **Sudah tinggal di Indonesia (selama) berapa tahun?**
  수다ㅎ 띵갈 디 인도네시아 (슬라마) 버라빠 따훈?
  인도네시아에 사신 지 얼마나 되셨어요?

- **Anda bekerja di sini sudah berapa tahun?**
  안다 버꺼르자 디 시니 수다ㅎ 버라빠 따훈?
  당신은 여기에서 일하신 지 몇 년 되셨습니까?

43p.mp3

패턴 복습

패턴 문장 인도네시아어 복습

01 우리가 몇 년 동안 함께 일했지?

02 너네 사귄 지 몇 년 되었지?

03 우리가 이것을 사용한 지 몇 년 되었지?

04 몇 년 동안이요.

05 네가 그 새를 키운 지 몇 년 되었지?

06 인도네시아에 사신 지 얼마나 되셨어요?

07 당신은 여기에서 일하신 지 몇 년 되셨습니까?

실전 연습 실전 패턴 인도네시아어 쓰기

01 우리 함께 공부한 지 몇 년이 되었지?

02 너네 결혼한 지 몇 년 되었지?

03 우리가 이것을 산 지 몇 년 되었지?

04 이것은 몇 년 동안 유효한가요?

berlaku [버를라꾸] 유효한

05 네가 그 고양이를 키운 지 몇 년 되었지?

06 한국에 사신 지 얼마나 되셨어요?

07 당신은 여기에 이사 온 지 몇 년 되셨습니까?

bulan apa
몇 월

의문사

44b.mp3

• [몇 월]은 bulan apa 또는 bulan ke berapa를 사용한다. 마찬가지로 단어의 어순을 지키도록 한다.

나는 돈을 내야 한다.

Aku harus membayar.
아꾸 하루스 믐바야르

Aku harus bayar.
아꾸 하루스 바야르

나는 세금을 내야 한다.

Aku harus membayar pajak.
아꾸 하루스 믐바야르 빠작

내가 몇 월에 세금을 내야 하지?

Aku harus membayar pajak pada bulan apa?
아꾸 하루스 믐바야르 빠작 빠다 불란 아빠?

(Pada) bulan apa aku harus membayar pajak?
(빠다) 불란 아빠 아꾸 하루스 믐바야르 빠작?

Bulan ke berapa aku harus membayar pajak?
불란 끄 버라빠 아꾸 하루스 믐바야르 빠작?

패턴 학습 패턴을 활용한 문장 확장

44p.mp3

- Bulan ini bulan apa?
  불란 이니 불란 아빠?
  이번 달은 몇 월이야?

- Musim kemarau biasanya bulan apa?
  무심 끄마라우 비아사냐 불란 아빠?
  건기는 보통 몇 월이야?

- Bulan apa pemilihan presiden (diadakan)?
  불란 아빠 쁘밀리한 쁘레지덴 (디아다깐)?
  몇 월에 대통령 선거가 있죠?

- Kalian lahir bulan apa?
  깔리안 라히르 불란 아빠?
  너희들은 몇 월에 태어났니?

- Anda pergi dinas pada bulan apa?
  안다 뻐르기 디나스 빠다 불란 아빠?
  당신은 몇 월에 출장을 가나요?

- Bapak kembali pada bulan apa?
  바빡 끔발리 빠다 불란 아빠?
  아버지는 몇 월에 돌아오시나요?

- Bulan apa yang cuacanya bagus?
  불란 아빠 양 쭈아짜냐 바구스?
  몇 월에 날씨가 좋은가요?

44p.mp3

패턴 복습 패턴 문장 인도네시아어 복습

01 이번 달은 몇 월이야?

02 건기는 보통 몇 월이야?

03 몇 월에 대통령 선거가 있죠?

04 너희들은 몇 월에 태어났니?

05 당신은 몇 월에 출장을 가나요?

06 아버지는 몇 월에 돌아오시나요?

07 몇 월에 날씨가 좋은가요?

실전 연습 실전 패턴 인도네시아어 쓰기

01 다음 달은 몇 월이야?

bulan depan [불란 드빤] 다음달

02 지난달은 몇 월이야?

bulan kemarin [불란 끄마린] 지난달

03 몇 월에 졸업식이 있죠?

upacara wisuda [우빠짜라 위수다] 졸업식

04 너희들은 몇 월에 이사 왔니?

05 당신은 몇 월에 한국을 가나요?

06 제가 그것을 몇 월에 살 수 있나요?

07 몇 월에 두리안이 맛있나요?

berapa bulan

몇 개월

의문사

45b.mp3

• [몇 개월]인지 기간을 나타낼 때는 숫자를 앞에 써서 2 bulan [2개월]처럼 표현한다.

내 생각에 내 동생이 모르는 것 같아.

Aku kira adikku tidak tahu.

아꾸 끼라 아딕꾸 띠닥 따우

Aku berpikir bahwa adikku tidak tahu.

아꾸 버르삐끼르 바ㅎ와 아딕꾸 띠닥 따우

내 생각에 내 동생은 한 학기가 무엇인지 모르는 것 같다.

Aku kira adikku tidak tahu satu semester itu apa.

아꾸 끼라 아딕꾸 띠닥 따우 사뚜 쎄메스떠르 이뚜 아빠

Aku berpikir bahwa adikku tidak tahu satu semester itu apa.

아꾸 버르삐끼르 바ㅎ와 아딕꾸 띠닥 따우 쎄메스떠르 이뚜 아빠

내 생각에 내 동생이 한 학기가 몇 개월인지 모르는 것 같아.

Aku kira adikku tidak tahu satu semester itu berapa bulan.

아꾸 끼라 아딕꾸 띠닥 따우 사뚜 쎄메스떠르 이뚜 버라빠 불란

Aku kira adikku tidak tahu berapa bulan dalam satu semester itu.

아꾸 끼라 아딕꾸 띠닥 따우 버라빠 불란 달람 사뚜 쎄메스떠르 이뚜

패턴 학습 패턴을 활용한 문장 확장

45p.mp3

- **Sejak (berumur) berapa bulan bayi tumbuh gigi?**
  스작 (버르우무르) 버라빠 불란 바이 뚬부ㅎ 기기?
  아기들은 몇 개월부터 이가 나죠?

- **Berapa bulan tidak boleh naik pesawat saat hamil?**
  버라빠 불란 띠닥 볼레ㅎ 나익 쁘사왓 사앗 하밀?
  임신 몇 개월부터 비행기를 타면 안 되나요?

- **Pakainya sudah berapa bulan?**
  빠까이냐 수다ㅎ 버라빠 불란?
  몇 개월 사용했나요?

- **Berapa bulan lagi (kamu) lulus sekolah?**
  버라빠 불란 라기 (까무) 룰루스 스꼴라ㅎ?
  학교 졸업하려면 몇 달 남았지?

- **Setiap berapa bulan itu dicek?**
  스띠압 버라빠 불란 이뚜 디쩩?
  몇 달에 한 번씩 그것을 확인하나요?

- **Kerjanya sudah berapa bulan?**
  꺼르자냐 수다ㅎ 버라빠 불란?
  일한 지 몇 개월 되셨죠?

- **Sudah berapa bulan Anda tinggal di Indonesia?**
  수다ㅎ 버라빠 불란 안다 띵갈 디 인도네시아?
  인도네시아에 사신 지 몇 개월 되셨나요?

45p.mp3

패턴 복습

패턴 문장 인도네시아어 복습

01 아기들은 몇 개월부터 이가 나죠?

02 임신 몇 개월부터 비행기를 타면 안 되나요?

03 몇 개월 사용했나요?

04 학교 졸업하려면 몇 달 남았지?

05 몇 달에 한 번씩 그것을 확인하나요?

06 일 한지 몇 개월 되셨죠?

07 인도네시아에 사신 지 몇 개월 되셨나요?

실전 연습 실전 패턴 인도네시아어 쓰기

01 아기들은 몇 개월부터 걸을 수 있죠?

berjalan kaki [버르잘란 까끼] 걷다

02 임신 몇 개월부터 비행기를 타도 되나요?

03 이 약을 몇 개월 복용했나요?

04 너는 몇 달 후에 학교에 갈 수 있니?

05 몇 달에 한 번씩 당신은 여행하나요?

06 운동한 지 몇 개월 되셨죠?

olahraga [올라ㅎ라가] 운동

07 인도네시아어를 공부한 지 몇 개월 되셨나요?

46 mungkin

아마도

정도

46b.mp3

• mungkin은 [가능 또는 추측]을 의미하며 위치는 꾸밈을 받는 말 앞에 놓을 수 있으며 유동적이다.

아마 지금 기사가 기름을 넣고 있을 거예요.

Mungkin sopirnya sedang mengisi bensin.

뭉낀 쏘삐르냐 스당 멍이시 벤신

Sopirnya mungkin sedang mengisi bensin.

쏘삐르냐 뭉낀 스당 멍이시 벤신

아마 지금 기사가 주유소에서 기름을 넣고 있을 거예요.

Mungkin sopirnya sedang mengisi bensin di pom.

뭉낀 쏘삐르냐 스당 멍이시 벤신 디 뽐

Sopirnya sedang mengisi bensin mungkin di pom.

쏘삐르냐 스당 멍이시 벤신 뭉낀 디 뽐

어제 기름이 떨어져서 아마 지금 기사가 주유소에서 기름을 넣고 있을 거예요.

Mungkin sopirnya sedang mengisi bensin di pom karena kemarin sudah habis bensinnya.

뭉낀 쏘삐르냐 스당 멍이시 벤신 디 뽐 까르나 끄마린 수다ㅎ 하비스 벤신냐

Sopirnya sedang mengisi bensin di pom mungkin karena kemarin udah habis bensinnya.

쏘삐르냐 스당 멍이시 벤신 디 뽐 뭉낀 까르나 끄마린 우다ㅎ 하비스 벤신냐

패턴 학습 패턴을 활용한 문장 확장

46p.mp3

- **Tidak mungkin.**
  띠닥 뭉낀
  불가능해.

- **Minta secepat mungkin.**
  민따 스쯔빳 뭉낀
  가능한 한 빨리해주세요.

- **Saya mungkin salah.**
  사야 뭉낀 살라ㅎ
  제가 틀렸을지도 모릅니다.

- **Setahu saya, dia mungkin agak gemuk.**
  스따우 사야, 디아 뭉낀 아각 그묵
  제가 알기로는 그는 약간 뚱뚱합니다.

- **Selain itu, mungkin ada lagi.**
  슬라인 이뚜, 뭉낀 아다 라기
  그것 말고도 아마 더 있을걸.

- **Mungkin toko itu sudah tutup.**
  뭉낀 또꼬 이뚜 수다ㅎ 뚜뚭
  아마도 그 가게는 이미 닫았을 거예요.

- **Mungkin harganya mahal.**
  뭉낀 하르가냐 마할
  아마 가격이 비쌀 거예요.

46p.mp3

패턴 복습

패턴 문장 인도네시아어 복습

01 불가능해.

02 가능한 한 빨리해주세요.

03 제가 틀렸을지도 모릅니다.

04 제가 알기로는 그는 약간 뚱뚱합니다.

05 그것 말고도 아마 더 있을걸.

06 아마도 그 가게는 이미 닫았을 거예요.

07 아마 가격이 비쌀 거예요.

실전 연습 실전 패턴 인도네시아어 쓰기

01 아마도 그들은 사귈걸.

02 가능한 한 싸게 해주세요.

03 제가 맞았을지도 모릅니다.

betul [브뚤] 맞은, 옳은

04 제가 알기로는 그는 약간 키가 작습니다.

pendek [뻰덱] 키가 작은, 짧은

05 아마 아직 10개 정도 있을걸.

sekitar [스끼따르] 대략

06 아마도 그 가게는 유명할 거예요.

terkenal [떠르끄날] 유명한

07 아마 가격이 오를 거예요.

naik [나익] 오르다

sekitar

대략/약

정도

47b.mp3

• [대략/약]을 의미하는 인도네시아어는 sekitar 외에도 kurang-lebih, rata-rata [평균적으로 대략], kira-kira[규칙적이 아닌 한 번만 이루어지는 일의 경우 해당] 등이 있다. 꾸밈을 받는 말 앞에 위치한다.

우리는 아직 30분 정도 시간이 있어.

Kita masih punya sekitar 30 menit.

끼따 마시ㅎ 뿌냐 스끼따르 띠가뿔루ㅎ 므닛

Kita masih punya kurang lebih 30 menit.

끼따 마시ㅎ 뿌냐 꾸랑-르비ㅎ 띠가뿔루ㅎ 므닛

우리는 30분 정도 더 시간이 있어.

Kita punya sekitar 30 menit lagi.

끼따 뿌냐 스끼따르 띠가뿔루ㅎ 므닛 라기

Kita punya kira-kira 30 menit lagi.

끼따 뿌냐 끼라-끼라 띠가뿔루ㅎ 므닛 라기

우리는 아직 대략 30분 이상의 시간이 있어.

Kita masih punya sekitar lebih dari 30 menit.

끼따 마시ㅎ 뿌냐 스끼따르 르비ㅎ 다리 띠가뿔루ㅎ 므닛

Kita masih punya kira-kira lebih dari 30 menit.

끼따 마시ㅎ 뿌냐 끼라-끼라 르비ㅎ 다리 띠가뿔루ㅎ 므닛

패턴 학습 패턴을 활용한 문장 확장

47p.mp3

- **Kamu mau sekitar berapa butir telur?**
  까무 마우 스끼따르 버라빠 부띠르 뜰루르?
  너는 대략 몇 알의 계란을 원하니?

- **Sekitar jam berapa mau ke sana?**
  스끼따르 잠 버라빠 마우 끄 사나?
  몇 시쯤 거기에 가길 원하니?

- **Di sekitar sini ada toko buah?**
  디 스끼따르 시니 아다 또꼬 부아ㅎ?
  여기 주변에 과일가게가 있나요?

- **Sekitar berapa banyak?**
  스끼따르 버라빠 바냑?
  대략 얼마나 많이요?

- **Harganya sekitar berapa?**
  하르가냐 스끼따르 버라빠?
  대충 가격이 얼마나 되나요?

- **Waktunya sekitar berapa lama?**
  왁뚜냐 스끼따르 버라빠 라마?
  시간이 대략 얼마나 걸리나요?

- **Umurnya sekitar berapa?**
  우무르냐 스끼따르 버라빠?
  나이가 대략 어떻게 되나요?

47p.mp3

패턴 복습

패턴 문장 인도네시아어 복습

01 너는 대략 몇 알의 계란을 원하니?

02 몇 시쯤 거기에 가길 원하니?

03 여기 주변에 과일가게가 있나요?

04 대략 얼마나 많이요?

05 대충 가격이 얼마나 되나요?

06 시간이 대략 얼마나 걸리나요?

07 나이가 대략 어떻게 되나요?

실전 연습

실전 패턴 인도네시아어 쓰기

01 너는 대략 몇 통의 수박을 원하니?

semangka [스망까] 수박

02 몇 시쯤에 올래?

03 여기 주변에 빵집이 있나요?

toko roti [또꼬 로띠] 빵집

04 대략 몇 분(사람)이요?

05 대충 키가 얼마나 되나요?

06 대략 얼마나 먼가요?

07 대략 몇 마리 정도 되나요?

banyak

많다

정도

48b.mp3

• 명사와 함께 쓰일 때는 보통 'banyak orang [많은 사람]' 처럼 banyak+명사의 어순으로 사용한다.

당신은 많은 돈을 환전하기 원하시나요?

Anda mau menukar banyak uang?
안다 마우 머누까르 바냑 우앙?

Anda mau tukar banyak uang?
안다 마우 뚜까르 바냑 우앙?

당신은 많은 돈을 환전소에서 환전하기 원하시나요?

Anda mau menukar banyak uang di money changer?
안다 마우 머누까르 바냑 우앙 디 머니 체인저르?

Di money changer Anda mau menukar banyak uang?
디 머니 체인저르 안다 마우 머누까르 바냑 우앙?

당신은 언제 많은 돈을 환전소에서 환전하기 원하시나요?

Kapan Anda mau menukar banyak uang di money changer?
까빤 안다 마우 머누까르 바냑 우앙 디 머니 체인저르?

Di money changer kapan Anda mau menukar banyak uang?
디 머니 체인저르 까빤 안다 마우 머누까르 바냑 우앙?

패턴 학습 패턴을 활용한 문장 확장

48p.mp3

- **Terima kasih banyak.**
  뜨리마 까시ㅎ 바냑
  정말 감사합니다.

- **Banyak orang Indonesia datang ke Korea.**
  바냑 오랑 인도네시아 다땅 끄 꼬레아
  많은 인도네시아 사람들이 한국에 옵니다.

- **Ada banyak sekali.**
  아다 바냑 스깔리
  엄청 많이 있어.

- **Dia membawa banyak barang.**
  디아 믐바와 바냑 바랑
  그는 많은 물건을 가져온다.

- **Masalahnya ada banyak.**
  마살라ㅎ냐 아다 바냑
  문제가 많다.

- **Masih ada banyak.**
  마시ㅎ 아다 바냑
  아직 많이 있어요.

- **Beliau belajar banyak bahasa asing.**
  블리아우 블라자르 바냑 바하사 아싱
  그분은 많은 외국어를 공부하셨습니다.

48p.mp3

패턴 복습

패턴 문장 인도네시아어 복습

01 정말 감사합니다.

02 많은 인도네시아 사람들이 한국에 옵니다.

03 엄청 많이 있어.

04 그는 많은 물건을 가져온다.

05 문제가 많다.

06 아직 많이 있어요.

07 그분은 많은 외국어를 공부하셨습니다.

실전 연습 실전 패턴 인도네시아어 쓰기

01 발리에는 관광지가 많다.

obyek wisata [오브옉 위사따] 관광지

02 인도네시아에 모기가 많다.

nyamuk [냐묵] 모기

03 그들은 돈이 많이 있다.

04 그는 많은 사람을 데려온다.

05 나는 친구가 많다.

06 음식이 아직 많이 있어요.

07 오늘은 기회가 많이 있네요.

kesempatan [끄슴빳딴] 기회

49 sedikit

적다

정도

49b.mp3

• [약간 또는 조금]이라는 뜻의 sedikit은 셀 수 있는 명사와 셀 수 없는 명사 모두 수식이 가능하며 부사어로도 사용되어 동사나 형용사도 수식할 수 있다. [단지 또는 오로지]라는 의미의 'hanya' 또는 'saja'와 함께 'hanya sedikit' 또는 'sedikit saja'로도 자주 사용된다.

저는 말할 수 있습니다.

Saya bisa berbicara.

사야 비사 버르비짜라

저는 인도네시아어로 말할 수 있습니다.

Saya bisa berbicara dalam bahasa Indonesia.

사야 비사 버르비짜라 달람 바하사 인도네시아

Saya bisa bahasa Indonesia.

사야 비사 바하사 인도네시아

저는 인도네시아어로 조금 말할 수 있습니다.

Saya bisa berbicara dalam bahasa Indonesia sedikit saja.

사야 비사 버르비짜라 달람 바하사 인도네시아 스디낏 사자

Saya bisa sedikit bahasa Indonesia.

사야 비사 스디낏 바하사 인도네시아

Saya bisa berbahasa Indonesia sedikit saja.

사야 비사 버르바하사 인도네시아 스디낏 사자

패턴 학습 패턴을 활용한 문장 확장

49p.mp3

- **Minta gulanya sedikit saja.**
  민따 굴라냐 스디낏 사자
  설탕 조금만 주세요.

- **Harga BBM sedikit turun?**
  하르가 베베엠 스디낏 뚜룬?
  휘발유 가격이 조금 내렸나요?

- **Warnanya sedikit tua.**
  와르나냐 스디낏 뚜아
  색깔이 조금 짙은데.

- **Kepala saya sedikit pusing.**
  끄빨라 사야 스디낏 뿌씽
  제 머리가 조금 아파요.

- **Ikan itu sedikit asin.**
  이깐 이뚜 스디낏 아신
  그 생선은 약간 짜네요.

- **Ini sedikit aneh.**
  이니 스디낏 아네ㅎ
  이것은 조금 이상하다.

- **Sekarang sedikit terlambat.**
  스까랑 스디낏 떠를람밧
  지금 조금 늦었어요.

49p.mp3

패턴 복습

패턴 문장 인도네시아어 복습

01 설탕 조금만 주세요.

02 휘발유 가격이 조금 내렸나요?

03 색깔이 조금 짙은데.

04 제 머리가 조금 아파요.

05 그 생선은 약간 짜네요.

06 이것은 조금 이상하다.

07 지금 조금 늦었어요.

실전 연습 실전 패턴 인도네시아어 쓰기

01 얼음 조금만 주세요.

es [에스] 얼음

02 물 가격이 조금 내렸나요?

03 색깔이 조금 옅은데.

muda [무다] (색깔이)옅은

04 제 어깨가 조금 아파요.

bahu [바후] 어깨

05 그 음식은 약간 짜네요.

06 이것은 조금 짧다.

07 지금 조금 바빠요.

sibuk [시북] 바쁜

50 di

~에서

전치사

50b.mp3

• 장소를 나타내는 전치사 di는 명사구와 함께 쓰여 부사구가 되며 인도네시아어에서는 동사가 생략되는 경우가 많아 부사구가 서술어 역할을 하는 경우도 많다.

이 산에 있는 나무는 높다.

Pohon di gunung ini tinggi.

뽀혼 디 구능 이니 띵기

Pohon yang ada di gunung ini tinggi.

뽀혼 양 아다 디 구능 이니 띵기

이 산에 있는 나무는 높고 크다.

Pohon di gunung ini tinggi dan besar.

뽀혼 디 구능 이니 띵기 단 브사르

Pohon yang ada di gunung ini tinggi dan besar.

뽀혼 양 아다 디 구능 이니 띵기 단 브사르

이 산에 있는 나무는 세상에서 가장 높고 가장 크다.

Pohon di gunung ini paling tinggi dan besar di dunia.

뽀혼 디 구능 이니 빨링 띵기 단 브사르 디 두니아

Pohon yang ada di gunung ini tertinggi dan terbesar di dunia.

뽀혼 양 아다 디 구능 이니 뜨르띵기 단 뜨르브사르 디 두니아

패턴 학습 패턴을 활용한 문장 확장

50p.mp3

- **Kamar di rumah ini luas.**
  까마르 디 루마ㅎ 이니 루아스
  이 집에 있는 방은 넓다.

- **Roti di toko itu enak.**
  로띠 디 또꼬 이뚜 에낙
  그 가게에 있는 빵은 맛이 있다.

- **Saya tinggal di Bali.**
  사야 띵갈 디 발리
  저는 발리에 살아요.

- **Sarung tangan ada di samping kursi.**
  사룽 땅안 아다 디 삼삥 꾸르시
  장갑은 의자 옆에 있다.

- **Apotek ada di sana.**
  아뽀떽 아다 디 사나
  약국은 저기에 있다.

- **Lagi ada di mana?**
  라기 아다 디 마나?
  지금 어디 있나요?

- **Di atas meja ada apa?**
  디 아따스 메자 아다 아빠?
  책상 위에 무엇이 있습니까?

50p.mp3

패턴 복습

패턴 문장 인도네시아어 복습

01 이 집에 있는 방은 넓다.

02 그 가게에 있는 빵은 맛이 있다.

03 저는 발리에 살아요.

04 장갑은 의자 옆에 있다.

05 약국은 저기에 있다.

06 지금 어디 있나요?

07 책상 위에 무엇이 있습니까?

실전 연습 실전 패턴 인도네시아어 쓰기

01 이 집에 있는 거실은 넓다.

02 그 가게 미고렝은 맛이 있다.

mi goreng [미고렝] 볶음면

03 저는 2층에 살아요.

lantai [란따이] 바닥, 층

04 장갑은 의자 아래에 있다.

05 약국은 1층에 있다.

06 열쇠가 어디 있나요?

kunci [꾼찌] 열쇠

07 냉장고 위에 무엇이 있습니까?

51 ke

~로

전치사

51b.mp3

• 구어체에서 전치사 ke가 pergi[가다]와 함께 쓰일 때는 보통 동사 pergi를 생략한다.

나는 지금 대학교에 가고 있어.

Aku lagi pergi ke universitas.

아꾸 라기 뻐르기 끄 우니버르시따스

나는 지금 기차역에 가고 있어.

Aku lagi pergi ke stasiun.

아꾸 라기 뻐르기 끄 스따시운

나는 지금 버스 정류장에 가고 있어.

Aku lagi pergi ke halte bus.

아꾸 라기 뻐르기 끄 할뜨 부스

나는 지금 은행에 가고 있어.

Aku lagi pergi ke bank.

아꾸 라기 뻐르기 끄 방

나는 지금 우체국에 가고 있어.

Aku lagi pergi ke kantor pos.

아꾸 라기 뻐르기 끄 깐또르 뽀스

나는 지금 너에게 가고 있어.

Aku lagi pergi ke tempat kamu.

아꾸 라기 뻐르기 끄 뜸빳 까무

패턴 학습 패턴을 활용한 문장 확장

51p.mp3

- **Mau ke mana?**

  마우 끄 마나?

  어디 가세요?

- **Berapa lama dari sini ke sana?**

  버라빠 라마 다리 시니 끄 사나?

  여기에서 거기로 가는 데 얼마나 걸리나요?

- **Apa kamu tahu bagaimana cara (pergi) ke gunung Merapi?**

  아빠 까무 따우 바가이마나 짜라 (뻐르기) 끄 구눙 머라삐?

  너는 머라피산에 어떻게 가는지 아니?

- **Tahun depan, kamu ke sekolah mana?**

  따훈 드빤 까무 끄 스꼴라ㅎ 마나?

  내년에 너는 어느 학교에 가니?

- **Bunga mawar ini mau dikirim ke mana?**

  붕아 마와르 이니 마우 디끼림 끄 마나?

  이 장미꽃은 어디로 보내시겠어요?

- **Semua mahasiswa sudah pulang.**

  스무아 마하시스와 수다ㅎ 뿔랑

  모든 대학생들이 이미 집에 돌아갔다.

- **Orang-orang pergi ke kantin.**

  오랑 오랑 뻐르기 끄 깐띤

  사람들이 구내식당으로 간다.

51p.mp3

패턴 복습

패턴 문장 인도네시아어 복습

01 어디 가세요?

02 여기에서 거기로 가는 데 얼마나 걸리나요?

03 너는 머라피산에 어떻게 가는지 아니?

04 내년에 너는 어느 학교에 가니?

05 이 장미꽃은 어디로 보내시겠어요?

06 모든 대학생들이 이미 집에 돌아갔다.

07 사람들이 구내식당으로 간다.

실전 연습 실전 패턴 인도네시아어 쓰기

01 병원에 가세요?

02 경찰서에 가는 데 얼마나 걸리나요?

03 당신은 기차역에 어떻게 가는지 아세요?

04 내년에 너는 자카르트타에 가니?

05 이 소포는 어디로 보내시겠어요?

paket [빠껫] 소포

06 모든 선생님이 이미 집에 돌아가셨다.

07 사람들이 유명한 식당으로 간다.

dari

~로부터

전치사

52b.mp3

• 구어체에서 전치사 dari가 datang[오다]와 함께 쓰일 경우 동사 datang을 생략한다.

저 쥐는 어디서 나온 거야?

Tikus itu dari mana ya?

띠꾸스 이뚜 다리 마나 야?

저 염소는 어디서 나온 거야?

Kambing itu dari mana ya?

깜빙 이뚜 다리 마나 야?

저 소는 어디서 나온 거야?

Sapi itu dari mana ya?

사삐 이뚜 다리 마나 야?

저 호랑이는 어디서 나온 거야?

Harimau itu dari mana ya?

하리마우 이뚜 다리 마나 야?

저 오리는 어디서 나온 거야?

Bebek itu dari mana ya?

베벡 이뚜 다리 마나 야?

저 새는 어디서 나온 거야?

Burung itu dari mana ya?

부룽 이뚜 다리 마나 야?

패턴 학습 패턴을 활용한 문장 확장

52p.mp3

- **Aku sudah lupa dari huruf A.**
  아꾸 수다ㅎ 루빠 다리 후루프 아
  나는 철자 A부터 잊어버렸다.

- **Mulainya dari kapan?**
  물라이냐 다리 까빤?
  언제부터 시작하나요?

- **Merek ini dari negara mana?**
  메륵 이니 다리 느가라 마나?
  이 브랜드는 어느 나라에서 온 것인가요?

- **Hadiah ini dari siapa?**
  하디아ㅎ 이니 다리 시아빠?
  이 선물은 누가 준 거지?

- **Baunya dari mana?**
  바우냐 다리 마나?
  이 냄새는 어디서 나는 거지?

- **Bank itu dari Korea?**
  방 이뚜 다리 꼬레아?
  그 은행은 한국에서 왔는가?

- **Dia baru kembali dari kantor pos.**
  디아 바루 끔발리 다리 깐또르 뽀스
  그녀는 방금 우체국에 갔다 왔다.

52p.mp3

패턴 복습

패턴 문장 인도네시아어 복습

01 나는 철자 A부터 잊어버렸다.

02 언제부터 시작하나요?

03 이 브랜드는 어느 나라에서 온 것인가요?

04 이 선물은 누가 준 거지?

05 이 냄새는 어디서 나는 거지?

06 그 은행은 한국에서 왔는가?

07 그녀는 방금 우체국에 갔다 왔다.

실전 연습

실전 패턴 인도네시아어 쓰기

01 나는 숫자 1부터 잊어버렸다.

angka [앙까] 숫자

02 언제부터 사귀었나요?

03 이 물건은 어느 나라에서 온 것인가요?

04 이 교육비는 누가 준 거지?

05 당신은 어디에서 왔나요?

06 그 지갑은 한국에서 왔나요?

07 그녀는 방금 현금인출기에 갔다 왔다.

ATM [아떼엠] 현금인출기

untuk

~위해서

전치사

53b.mp3

• untuk은 보통 명사나 동사 앞에 사용하며 비슷한 의미를 갖는 동의어로는 agar[아가르]또는 supaya[수빠야] 등이 있다.

이것은 너를 위한 거야.

Ini untuk kamu.

이니 운뚝 까무

이것은 우리(청자불포함)를 위한 거야.

Ini untuk kami.

이니 운뚝 까미

이것은 너희를 위한 거야.

Ini untuk kalian.

이니 운뚝 깔리안

이것은 당신(남자)을 위한 것입니다.

Ini untuk Bapak.

이니 운뚝 바빡

이것은 그들을 위한 거야.

Ini untuk mereka.

이니 운뚝 머레까

이것은 우리(청자 포함)를 위한 거야.

Ini untuk kita.

이니 운뚝 끼따

패턴 학습 패턴을 활용한 문장 확장

53p.mp3

- **Alat ini untuk siapa?**
  알랏 이니 운뚝 시아빠?
  이 연장은 누구를 위한 것이죠?

- **Uang ini untuk membeli celana dalam.**
  우앙 이니 운뚝 멈블리 쯜라나 달람
  이 돈은 팬티를 사기 위한 것이다.

- **Itu dipakai untuk makan siang.**
  이뚜 디빠까이 운뚝 마깐 씨앙
  그것은 점심을 먹는 데 쓰이지.

- **Cemilan ini untuk kapan?**
  쯔밀란 이니 운뚝 까빤?
  이 간식은 언제를 위한 거지요?

- **Anda belajar untuk apa?**
  안다 블라자르 운뚝 아빠?
  당신은 무엇을 위하여 공부합니까?

- **Saya bekerja untuk keluarga.**
  사야 버꺼르자 운뚝 끌루아르가
  저는 가족을 위해 일합니다.

- **Saya mau pesan tempat duduk untuk 3 orang.**
  사야 마우 쁘산 뜸빳 두둑 운뚝 띠가 오랑
  저는 세 사람 자리를 예약하고 싶습니다.

53p.mp3

패턴 복습

패턴 문장 인도네시아어 복습

01 이 연장은 누구를 위한 것이죠?

02 이 돈은 팬티를 사기 위한 것이다.

03 그것은 점심을 먹는 데 쓰이지.

04 이 간식은 언제를 위한 거지요?

05 당신은 무엇을 위하여 공부합니까?

06 저는 가족을 위해 일합니다.

07 저는 세 사람 자리를 예약하고 싶습니다.

실전 연습 실전 패턴 인도네시아어 쓰기

01 이 술은 누구를 위한 것이죠?

02 이 돈은 치마를 사기 위한 것이다.

03 그것은 운동을 하는 데 쓰이지.

04 이 옷은 언제를 위한 거지요?

05 당신은 누구를 위하여 공부합니까?

06 저는 부모님을 위해 일합니다.

07 저는 다섯 사람 예약하고 싶습니다.

sampai

~까지

전치사

54b.mp3

• sampai가 동사로 쓰일 때는 '도착하다'라는 의미를 갖는다. 구어체에서는 sampai를 줄이거나 늘려서 'sampe' 또는 'nyampai'라고도 한다.

내 부인은 이른 아침까지 옷을 말린다.

Istriku menjemur baju sampai pagi-pagi.

이스뜨리꾸 먼즈무르 바주 삼빠이 빠기 빠기

내 부인은 오후 5시까지 옷을 말린다.

Istriku menjemur baju sampai jam 5 sore.

이스뜨리꾸 먼즈무르 바주 삼빠이 잠 리마 소레

내 부인은 밤까지 옷을 말린다.

Istriku menjemur baju sampai malam.

이스뜨리꾸 먼즈무르 바주 삼빠이 말람

내 부인은 늦은 밤까지 옷을 말린다.

Istriku menjemur baju sampai malam-malam.

이스뜨리꾸 먼즈무르 바주 삼빠이 말람 말람

내 부인은 오늘 아침까지 옷을 말렸다.

Istriku menjemur baju sampai pagi ini.

이스뜨리꾸 먼즈무르 바주 삼빠이 빠기 이니

내 부인은 어젯밤까지 옷을 말렸다.

Istriku menjemur baju sampai semalam.

이스뜨리꾸 먼즈무르 바주 삼빠이 스말람

패턴 학습 패턴을 활용한 문장 확장

54p.mp3

- Saya merasa kurang enak dari kepala sampai kaki.
  사야 므라사 꾸랑 에낙 다리 끄빨라 삼빠이 까끼
  머리부터 발까지 몸이 좋지 않습니다.

- Dia bekerja dari jam 9 pagi sampai jam 6 sore.
  디아 버꺼르자 다리 잠 슴빌란 삼빠이 잠 으남 소레
  그는 오전 9시부터 오후 6시까지 일합니다.

- Sudah sampai?
  수다ㅎ 삼빠이?
  도착했나요?

- Sampai jumpa lagi.
  삼빠이 줌빠 라기
  다시 만날 때까지 안녕.

- Harganya ada sampai Rp1.000.000,00.
  하르가냐 아다 삼빠이 스주따 루삐아ㅎ
  가격은 백만 루피아까지 있습니다.

- Aku sudah tahu sampai agamanya.
  아꾸 수다ㅎ 따우 삼빠이 아가마냐
  나는 그의 종교까지도 벌써 안다.

- Minta tunggu sampai mataharinya terbit.
  민따 뚱구 삼빠이 마따하리냐 떠르빗
  해가 뜰 때까지 기다려주세요.

54p.mp3

패턴 복습

패턴 문장 인도네시아어 복습

01 머리부터 발까지 몸이 좋지 않습니다.

02 그는 오전 9시부터 오후 6시까지 일합니다.

03 도착했나요?

04 다시 만날 때까지 안녕.

05 가격은 백만 루피아까지 있습니다.

06 나는 그의 종교까지도 벌써 안다.

07 해가 뜰 때까지 기다려주세요.

실전 연습 실전 패턴 인도네시아어 쓰기

01 집까지 2시간 걸립니다.

memakan waktu [머마깐 왁뚜] 시간이 걸리다

02 그는 오전 8시부터 오후 5시까지 일합니다.

03 시작부터 끝날 때까지

04 내일까지 끝내세요.

selesaikan [슬르사이깐] 끝내다

05 가격은 십만 루피아까지 있습니다.

06 나는 그의 부모님까지도 벌써 안다.

07 오후 1시까지 기다려주세요.

dengan

~와 함께

전치사

55b.mp3

• dengan은 영어의 'with'처럼 사람과 함께 쓰여 '~와 함께'라는 뜻을 갖기도 하지만 도구나 탈것을 나타내는 단어와 함께 쓰여 '~로'라는 의미를 갖기도 한다.

그들은 칼로 케익을 잘랐다.

Mereka memotong kue dengan pisau.

머레까 머모똥 꾸에 등안 삐사우

그들은 가위로 머리를 잘랐다.

Mereka memotong rambut dengan gunting.

머레까 머모똥 람붓 등안 군띵

그들은 손톱깎이로 손톱을 잘랐다.

Mereka memotong kuku dengan pemotong kuku.

머레까 머모똥 꾸꾸 등안 쁘모똥 꾸꾸

그들은 레이저로 나무를 잘랐다.

Mereka memotong kayu dengan mesin laser.

머레까 머모똥 까유 등안 므신 레이저르

그들은 거칠게 나무를 잘랐다.

Mereka memotong kayu dengan kasar.

머레까 머모똥 까유 등안 까사르

그들은 조심스럽게 나무를 잘랐다.

Mereka memotong kayu dengan hati-hati.

머레까 머모똥 까유 등안 하띠 하띠

패턴 학습 패턴을 활용한 문장 확장

55p.mp3

- **Dia pergi ke Korea dengan pesawat.**
  디아 뻐르기 끄 꼬레아 등안 쁘사왓
  그녀는 비행기를 타고 한국에 갑니다.

- **Anakku makan dengan garpu dan sendok.**
  아낙꾸 마깐 등안 가르뿌 단 센독
  내 아이는 포크와 숟가락으로 먹는다.

- **Saya menulis dengan pensil.**
  사야 머눌리스 등안 뻰실
  저는 연필로 씁니다.

- **Kakaknya bisa berlari dengan cepat.**
  까깍냐 비사 버를라리 등안 쯔빳
  그의 누나는 빨리 뛸 수 있습니다.

- **Saya akan berwisata dengan keluarga.**
  사야 아깐 버르위사따 등안 끌루아르가
  저는 가족과 여행을 갈 것입니다.

- **Kamu datang dengan siapa?**
  까무 다땅 등안 시아빠?
  너는 누구와 올 거야?

- **Kita bertemu dengan gembira.**
  끼따 버르뜨무 등안 금비라
  우리는 기쁘게 만났다.

55p.mp3

패턴 복습 패턴 문장 인도네시아어 복습

01 그녀는 비행기를 타고 한국에 갑니다.

02 내 아이는 포크와 숟가락으로 먹는다.

03 저는 연필로 씁니다.

04 그의 누나는 빨리 뛸 수 있습니다.

05 저는 가족과 여행을 갈 것입니다.

06 너는 누구와 올 거야?

07 우리는 기쁘게 만났다.

실전 연습 실전 패턴 인도네시아어 쓰기

01 그녀는 배를 타고 한국에 갑니다.

kapal laut [까빨 라웃] 배

02 내 아이는 손으로 먹는다.

tangan [땅안] 손

03 저는 볼펜으로 씁니다.

bolpoin [볼뽀인] 볼펜

04 그의 동생은 빨리 뛸 수 있습니다.

05 저는 친구와 여행을 갈 것입니다.

06 그들은 거칠게 나무를 잘랐다.

kasar [까사르] 거친

07 우리는 조심스럽게 케이크를 잘랐다.

hati-hati [하띠 하띠] 조심하는

56 seperti

~처럼

전치사

56b.mp3

• 구어체에서 seperti와 뜻이 비슷한 동의어로 'kayak[까약]'이 있다.

그 병은 어떤데?

Seperti apa penyakit itu?

스뻐르띠 아빠 쁘냐낏 이뚜?

그 증상은 어떤데?

Seperti apa gejalanya?

스뻐르띠 아빠 그잘라냐?

그 상태가 어떤데?

Seperti apa kondisinya?

스뻐르띠 아빠 꼰디씨냐?

그 과정이 어떻게 되는데?

Seperti apa prosesnya?

스뻐르띠 아빠 쁘로쎄쓰냐?

그 규정이 어떻게 되는데?

Aturannya seperti apa?

아뚜란냐 스뻐르띠 아빠?

그것은 도대체 어떻게 생겼는데?/어떤데?

Itu seperti apa sih?

이뚜 스뻐르띠 아빠 시ㅎ?

패턴 학습 패턴을 활용한 문장 확장

56p.mp3

- **Minta seperti kemarin.**
  민따 스빠르띠 끄마린
  어제처럼 해주세요.

- **Saya mau seperti ini.**
  사야 마우 스빠르띠 이니
  이것처럼 해주세요.

- **Seperti yang disebutkan sebelumnya.**
  스빠르띠 양 디스븟깐 스블룸냐
  먼저 말한 바와 같이.

- **Dia melakukan seperti biasa saja.**
  디아 믈라꾸깐 스빠르띠 비아사 사자
  그녀는 평소처럼 행동했다.

- **Mereka berpura-pura seperti anjing.**
  머레까 버르뿌라 뿌라 스빠르띠 안징
  그들은 개인 척 행동했다.

- **Seharusnya seperti itu.**
  스하루스냐 스빠르띠 이뚜
  그것처럼 해야 합니다.

- **Dia ganteng seperti artis.**
  디아 간뜽 스빠르띠 아르띠스
  그는 연예인처럼 잘생겼습니다.

56p.mp3

패턴 복습

패턴 문장 인도네시아어 복습

01 어제처럼 해주세요.

02 이것처럼 해주세요.

03 먼저 말한 바와 같이.

04 그녀는 평소처럼 행동했다.

05 그들은 개인 척 행동했다.

06 그것처럼 해야 합니다.

07 그는 연예인처럼 잘생겼습니다.

실전 연습 실전 패턴 인도네시아어 쓰기

01 전처럼 해주세요.

sebelumnya [스블룸냐] 전

02 과정이 어떻게 되는데?

03 규정이 어떻게 되는데?

04 그것은 어떻게 생겼는데?/어떤데?

05 그들은 쥐인 척 행동했다.

06 그것처럼 할 수 있나요?

07 그녀는 연예인처럼 예쁩니다.

57 pada

에(시간)

전치사

57b.mp3

• pada는 보통 시간 앞에 사용하는 전치사이나 대명사나 명사 등과 결합하여 '~에게', '~에 따르면' 등의 의미를 갖기도 한다.

일요일에 만나자.

Mari kita ketemu pada hari Minggu.

마리 끼따 끄뜨무 빠다 하리 밍구

월요일에 만나자.

Mari kita ketemu pada hari Senin.

마리 끼따 끄뜨무 빠다 하리 스닌

화요일에 만나자.

Mari kita ketemu pada hari Selasa.

마리 끼따 끄뜨무 빠다 하리 슬라사

수요일에 만나자.

Mari kita ketemu pada hari Rabu.

마리 끼따 끄뜨무 빠다 하리 라부

목요일에 만나자.

Mari kita ketemu pada hari Kamis.

마리 끼따 끄뜨무 빠다 하리 까미스

금요일에 만나자.

Mari kita ketemu pada hari Jumat.

마리 끼따 끄뜨무 빠다 하리 주맛

패턴 학습 패턴을 활용한 문장 확장

57p.mp3

- **Saya mulai kerja pada jam 9 pagi.**
  사야 물라이 끄르자 빠다 잠 슴빌란 빠기
  저는 오전 9시에 일을 시작합니다.

- **Sekolahnya mulai pada bulan September.**
  스꼴라ㅎ냐 물라이 빠다 불란 셉뗌버르
  학교는 9월에 시작합니다.

- **Pada tahun 1922, dia berkunjung ke Lombok.**
  빠다 따훈 슴빌란블라스 두아뿔루ㅎ 두아, 디아 버르꾼중 끄 롬복
  1922년에 그는 롬복을 방문했습니다.

- **Saya lahir pada tanggal 30 Maret 2018.**
  사야 라히르 빠다 땅갈 띠가 뿔루ㅎ 마릇 두아뿔루ㅎ 들라빤블라스
  저는 2018년 3월 30일에 태어났습니다.

- **Pada awalnya gempa bumi tidak begitu parah.**
  빠다 아왈냐 금빠 부미 띠닥 버기뚜 빠라ㅎ
  처음에는 지진이 그렇게 심각하지 않았습니다.

- **Pada akhirnya, aku lihat pemandangannya.**
  빠다 아키르냐, 아꾸 리핫 쁘만당안냐
  결국 나는 그 풍경을 보았다.

- **Pada waktu berjalan kaki, dia capai.**
  빠다 왁뚜 버르잘란 까끼, 디아 짜빠이
  걸을 때, 그녀는 피곤했다.

57p.mp3

패턴 복습

패턴 문장 인도네시아어 복습

01 저는 오전 9시에 일을 시작합니다.

02 학교는 9월에 시작합니다.

03 1922년에 그는 롬복을 방문했습니다.

04 저는 2018년 3월 30일에 태어났습니다.

05 처음에는 지진이 그렇게 심각하지 않았습니다.

06 결국 나는 그 풍경을 보았다.

07 걸을 때, 그녀는 피곤했다.

실전 연습 실전 패턴 인도네시아어 쓰기

01 저는 오전 7시에 일을 시작합니다.

02 학교는 3월에 시작합니다.

03 1980년에 그는 롬복을 방문했습니다.

04 저는 2003년 5월 27일에 태어났습니다.

05 수요일에 만나자.

06 결국 나는 그 사람을 보았다.

07 걸을 때, 그녀는 기뻐했다.

dan

그리고

접속사

58b.mp3

• dan은 대등한 병렬구조를 나타낼 때 사용하며 구어체에서는 'sama'로 대체하여 사용하기도 한다.

사촌과 그의 조카는 세수를 합니다.

Sepupu dan keponakannya mencuci muka.

스뿌뿌 단 끄뽀나깐냐 믄쭈찌 무까

사촌과 그의 조카는 양치를 합니다.

Sepupu dan keponakannya menggosok gigi.

스뿌뿌 단 끄뽀나깐냐 멍고속 기기

사촌과 그의 조카는 방청소를 합니다.

Sepupu dan keponakannya merapikan kamar.

스뿌뿌 단 끄뽀나깐냐 므라삐깐 까마르

사촌과 그의 조카는 쓰레기를 버립니다.

Sepupu dan keponakannya membuang sampah.

스뿌뿌 단 끄뽀나깐냐 멈부앙 삼빠ㅎ

사촌과 그의 조카는 식탁을 차립니다.

Sepupu dan keponakannya menata meja.

스뿌뿌 단 끄뽀나깐냐 므나따 메자

사촌과 그의 조카는 다림질을 합니다.

Sepupu dan keponakannya menyeterika.

스뿌뿌 단 끄뽀나깐냐 머녜뜨리까

패턴 학습 패턴을 활용한 문장 확장

58p.mp3

- **Saya suka nasi goreng dan sate domba.**
  사야 수까 나시 고렝 단 사떼 돔바
  저는 나시고렝과 양꼬치를 좋아합니다.

- **Rasanya asin, manis, pedas, dan asam.**
  라사냐 아신, 마니스, 쁘다스, 단 아삼
  맛이 짜고 달고 맵고 신맛이 납니다.

- **Warna bunga matahari kuning dan merah.**
  와르나 붕아 마따하리 꾸닝 단 메라ㅎ
  해바라기의 색깔은 노랗고 빨간색입니다.

- **Drama Korea menarik dan menyenangkan.**
  드라마 꼬레아 므나릭 단 므녜낭깐
  한국 드라마는 재미있고 즐겁습니다.

- **Pesertanya adalah saya dan suami saya.**
  쁘서르따냐 아달라ㅎ 사야 단 수아미 사야
  참석자는 저와 저의 남편입니다.

- **Aku membeli meja dan kursi.**
  아꾸 멈블리 메자 단 꾸르시
  나는 책상과 의자를 샀습니다.

- **Dia memilihara anjing dan kucing.**
  디아 머밀리하라 안징 단 꾸찡
  그녀는 개와 고양이를 키웁니다.

58p.mp3

패턴 복습

패턴 문장 인도네시아어 복습

01 저는 나시고렝과 양꼬치를 좋아합니다.

02 맛이 짜고 달고 맵고 신맛이 납니다.

03 해바라기의 색깔은 노랗고 빨간색입니다.

04 한국 드라마는 재미있고 즐겁습니다.

05 참석자는 저와 저의 남편입니다.

06 나는 책상과 의자를 샀습니다.

07 그녀는 개와 고양이를 키웁니다.

실전 연습 실전 패턴 인도네시아어 쓰기

01 저는 미고렝과 닭꼬치를 좋아합니다.

02 맛과 색깔이 이상합니다.

03 사촌과 그의 조카는 쓰레기를 버립니다.

04 어머니와 저는 식탁을 차립니다.

05 저는 바지와 와이셔츠를 다림질합니다.

06 참석자는 저의 부인과 아이입니다.

07 나는 연필과 볼펜을 샀습니다.

kemudian

그러고 나서

접속사

59b.mp3

• kemudian 대신 dan으로 바꿔 사용할 수 있다.

선풍기를 찾아서 이쪽으로 가져와.

Carikan kipas angin kemudian bawa ke sini.

짜리깐 끼빠스 앙인 끄무디안 바와 끄 시니

사발 그릇을 찾아서 이쪽으로 가져와.

Carikan mangkuk kemudian bawa ke sini.

짜리깐 망꾹 끄무디안 바와 끄 시니

젓가락을 찾아서 이쪽으로 가져와.

Carikan sumpit kemudian bawa ke sini.

짜리깐 숨삣 끄무디안 바와 끄 시니

냄비를 찾아서 이쪽으로 가져와.

Carikan panci kemudian bawa ke sini.

짜리깐 빤찌 끄무디안 바와 끄 시니

후라이팬을 찾아서 이쪽으로 가져와.

Carikan penggorengan kemudian bawa ke sini.

짜리깐 뺑고렝안 끄무디안 바와 끄 시니

병따개를 찾아서 이쪽으로 가져와.

Carikan pembuka botol kemudian bawa ke sini.

짜리깐 뻠부까 보똘 끄무디안 바와 끄 시니

패턴 학습 패턴을 활용한 문장 확장

59p.mp3

- **Tutuplah jendela kemudian hidupkan AC.**
  뚜뚭라ㅎ 즌델라 끄무디안 히둡깐 아쎄
  창문을 닫아라 그러고 나서 에어컨을 켜라.

exp 동사에 -lah를 붙여 명령문을 부드럽게 만들 수 있다.

- **Lukislah pohon kemudian laut.**
  루끼슬라ㅎ 뽀혼 끄무디안 라웃
  나무를 그려라 그런 다음 바다를 그려라.

- **Daftar dulu kemudian diperiksa.**
  다프따르 둘루 끄무디안 디쁘릭사
  먼저 접수하시고 진찰받으세요.

- **Lurus kemudian belok kanan.**
  루루스 끄무디안 벨록 까난
  직진하신 후에 우회전하세요.

- **Putar balik kemudian berhenti**
  뿌따르 발릭 끄무디안 버르흔띠
  유턴하세요 그런 다음 멈추세요.

- **Pakai baju kemudian keluar.**
  빠까이 바주 끄무디안 끌루아르
  옷을 입은 다음 나가세요.

- **Cuci tangan kemudian makan.**
  쭈찌 땅안 끄무디안 마깐
  손을 씻은 다음 드세요.

59p.mp3

패턴 복습

패턴 문장 인도네시아어 복습

01 창문을 닫아라 그리고 나서 에어컨을 켜라.

02 나무를 그려라 그런 다음 바다를 그려라.

03 먼저 접수하시고 진찰받으세요.

04 직진하신 후에 우회전하세요.

05 유턴하세요 그런 다음 멈추세요.

06 옷을 입은 다음 나가세요.

07 손을 씻은 다음 드세요.

실전 연습 실전 패턴 인도네시아어 쓰기

01 문을 닫아라 그러고 나서 에어컨을 켜라.

pintu [삔뚜] 문

02 산을 그려라 그런 다음 꽃을 그려라.

bunga [붕아] 꽃

03 먼저 좌회전하신 후에 유턴하세요.

04 냄비를 사서 가져와라.

05 프라이팬을 닦아서 가져와라.

06 그에게 그 병따개를 주고 돈을 받아와라.

dapat [다빳] 받다

07 유리컵을 몇 개인지 세고 팔아라.

60 atau

또는

접속사

60b.mp3

• A atau B 는 대등접속사로 보통 두 가지 중 한 가지를 선택할 때 사용하며 [두 가지 중 아무거나 상관없다]라는 의미로 사용될 때는, 'baik A maupun B[바익 아 마우뿐 베]'로 바꾸어 쓸 수 있다.

내가 야채나 과일을 준비할게.

Aku akan menyiapkan sayur atau buah.

아꾸 아깐 머니압깐 사유르 아따우 부아ㅎ

내가 고추나 버섯을 준비할게.

Aku akan menyiapkan cabe atau jamur.

아꾸 아깐 머니압깐 짜베 아따우 자무르

내가 오이나 감자를 준비할게.

Aku akan menyiapkan timun atau kentang.

아꾸 아깐 머니압깐 띠문 아따우 끈땅

내가 마늘이나 양파를 준비할게.

Aku akan menyiapkan bawang putih atau bawang merah.

아꾸 아깐 머니압깐 바왕 뿌띠ㅎ 아따우 바왕 메라ㅎ

내가 토마토나 귤을 준비할게.

Aku akan menyiapkan tomat atau jeruk.

아꾸 아깐 머니압깐 또맛 아따우 즈룩

내가 당근이나 고구마를 준비할게.

Aku akan menyiapkan wortel atau ubi.

아꾸 아깐 머니압깐 워르뗄 아따우 우비

패턴 학습 패턴을 활용한 문장 확장

60p.mp3

- **Saya pergi ke kantor naik motor atau ojek.**
  사야 쁘르기 끄 깐또르 나익 모또르 아따우 오젝
  저는 오토바이나 오젝을 타고 출근합니다.

- **Kamu mau menonton TV atau tidak?**
  까무 마우 머논똔 띠피 아따우 띠닥?
  너는 텔레비전을 보고 싶니 안 보고 싶니?

- **Kalian ada ujian bulan Juni atau bulan Desember.**
  깔리안 아다 우지안 불란 주니 아따우 불란 데쎔버르
  너희들은 6월이나 12월에 시험이 있다.

- **Mau minum apa, air atau jus?**
  마우 미눔 아빠, 아이르 아따우 주스?
  무엇을 드실래요, 물이요 주스요?

- **Kantor pajak ada di barat atau timur?**
  깐또르 빠작 아다 디 바랏 아따우 띠무르?
  세무서는 서쪽에 있나요, 동쪽에 있나요?

- **Kamu mau naik taksi atau kereta api?**
  까무 마우 나익 딱시 아따우 끄레따 아삐?
  너는 택시를 탈래 아니면 기차를 탈래?

- **Anda suka warna kuning atau warna merah?**
  안다 수까 와르나 꾸닝 아따우 와르나 메라ㅎ
  당신은 노란색을 좋아하시나요, 아니면 빨간색을 좋아하시나요?

60p.mp3

패턴 복습

패턴 문장 인도네시아어 복습

01 저는 오토바이나 오젝을 타고 출근합니다.

02 너는 텔레비전을 보고 싶니 안 보고 싶니?

03 너희들은 6월이나 12월에 시험이 있다.

04 무엇을 드실래요, 물이요 주스요?

05 세무서는 서쪽에 있나요, 동쪽에 있나요?

06 너는 택시를 탈래 아니면 기차를 탈래?

07 당신은 노란색을 좋아하시나요, 아니면 빨간색을 좋아하시나요?

실전 연습 실전 패턴 인도네시아어 쓰기

01 저는 버스나 기차를 타고 출근합니다.

02 너는 그녀를 만나고 싶니 안 만나고 싶니?

03 너희들은 3월이나 9월에 시험이 있다.

04 무엇을 드실래요, 닭꼬치요, 염소꼬치요?

05 경찰서는 북쪽에 있나요, 남쪽에 있나요?

06 내가 마늘이나 양파를 준비할게.

07 어머니께서 토마토나 귤을 준비하실 것이다.

61 tetapi

그러나

접속사

61b.mp3

• tetapi 는 보통 구어체에서 tapi[따삐]로 축약하여 사용한다.

오늘 날씨가 너무 추운데 저의 옷은 너무 얇습니다.

Hari ini kedinginan tetapi baju saya terlalu tipis.

하리 이니 끄딩인안 뜨따삐 바주 사야 떠르랄루 띠삐스

오늘 날씨가 너무 더운데 저의 옷은 너무 두껍습니다.

Hari ini kepanasan tetapi baju saya terlalu tebal.

하리 이니 끄빠나싼 뜨따삐 바주 사야 떠르랄루 뜨발

오늘 날씨가 화창하고 따뜻한데 저의 옷은 너무 두껍습니다.

Hari ini cerah dan hangat tetapi baju saya terlalu tebal.

하리 이니 쯔라ㅎ 단 항앗 뜨따삐 바주 사야 떠르랄루 뜨발

오늘 날씨가 흐리고 선선한데 저의 옷은 너무 얇습니다.

Hari ini mendung dan sejuk tetapi baju saya terlalu tipis.

하리 이니 믄둥 단 스죽 뜨따삐 바주 사야 떠르랄루 띠삐스

오늘 날씨가 안개가 끼고 바람이 부는데 저의 옷은 너무 얇습니다.

Hari ini berkabut dan berangin tetapi baju saya terlalu tipis.

하리 이니 버르까붓 단 브랑인 뜨따삐 바주 사야 떠르랄루 띠삐스

오늘 날씨가 눈이 내리고 태풍이 부는데 저의 옷은 너무 얇습니다.

Hari ini hujan salju dan berbadai tetapi baju saya terlalu tipis.

하리 이니 후잔 살주 단 버르바다이 뜨따삐 바주 사야 떠르랄루 띠삐스

패턴 학습 패턴을 활용한 문장 확장

61p.mp3

- **Mangga ini mahal tapi rasanya sepat.**
  망가 이니 마할 따삐 라사냐 스빳
  이 망고는 비싼데 맛이 떫다.

- **Kaus lebih nyaman tapi kurang sopan.**
  까우스 르비ㅎ 냐만 따삐 꾸랑 소빤
  티셔츠는 더 편하지만 예의에 조금 어긋난다.

- **Aku tinggal di selatan tapi pacarku tinggal di utara.**
  아꾸 띵갈 디 슬라딴 따삐 빠짜르꾸 띵갈 디 우따라
  나는 남쪽에 사는데 나의 남자 친구는 북쪽에 삽니다.

- **Adik suka rok tapi aku suka celana.**
  아딕 수까 록 따삐 아꾸 수까 쯜라나
  동생은 치마를 좋아하지만 나는 바지를 좋아합니다.

- **Sepeda murah tapi bahaya.**
  스뻬다 무라ㅎ 따삐 바하야
  자전거는 싸지만 위험합니다.

- **Bubur ayam tidak hanya enak tetapi juga bagus untuk sehat.**
  부부르 아얌 띠닥 하냐 에낙 뜨따삐 주가 바구스 운뚝 세핫
  닭죽은 맛이 있을 뿐만 아니라 건강에 좋기까지 하다.

- **Sepatu olahraga tidak murah tetapi mahal.**
  스빠뚜 올라ㅎ라가 띠닥 무라ㅎ 뜨따삐 마할
  운동화는 싸지 않고 비싸다.

61p.mp3

패턴 복습

패턴 문장 인도네시아어 복습

01 이 망고는 비싼데 맛이 떫다.

02 티셔츠는 더 편하지만 예의에 조금 어긋난다.

03 나는 남쪽에 사는데 남자 친구는 북쪽에 삽니다.

04 동생은 치마를 좋아하지만 나는 바지를 좋아합니다.

05 자전거는 싸지만 위험합니다.

06 닭죽은 맛이 있을 뿐만 아니라 건강에 좋기까지 하다.

07 운동화는 싸지 않고 비싸다.

실전 연습 실전 패턴 인도네시아어 쓰기

01 이 망고는 (가격이) 싼데 맛이 좋다.

02 반바지는 더 편하지만 예의에 조금 어긋난다.

celana pendek [쯜라나 뻰덱] 반바지

03 나는 동쪽에 사는데 나의 남자 친구는 서쪽에 삽니다.

04 오늘 날씨가 흐리고 선선한데 저의 옷은 너무 얇습니다.

05 자동차는 비싸지만 안전합니다.

aman [아만] 안전한

06 피자는 맛이 있지만 건강에 안 좋다.

07 지금 안개가 끼고 바람이 부는데 그의 옷은 너무 얇습니다.

62 walaupun

접속사

그럼에도 불구하고

62b.mp3

• walaupun 은 namun demikian[나문 드미끼안] 또는 meskipun[머스끼뿐]으로 바꾸어 쓸 수 있다.

가난하지만 그는 분명 행복했다.

Walaupun miskin, dia tetap bahagia.

왈라우뿐 미스낀, 디아 뜨땁 바하기아

피곤했지만 그는 분명 기운이 넘쳤다.

Walaupun capai, dia tetap semangat.

왈라우뿐 짜빠이, 디아 뜨땁 스망앗

어렸지만 그는 분명 용감했다.

Walaupun kecil, dia tetap berani.

왈라우뿐 끄찔, 디아 뜨땁 브라니

비가 내렸지만 그는 분명 떠났다.

Walaupun hujan, dia tetap pergi.

왈라우뿐 후잔, 디아 뜨땁 뻐르기

완벽하지는 않았지만 그는 분명 할 수 있었다.

Walaupun tidak sempurna, dia tetap bisa.

왈라우뿐 띠닥 슴뿌르나, 디아 뜨땁 비사

어려웠지만 그는 분명 노력했다.

Walaupun susah, dia tetap berusaha.

왈라우뿐 수사ㅎ, 디아 뜨땁 버르우사하

패턴 학습 패턴을 활용한 문장 확장

62p.mp3

- **Walaupun sudah menutup jendela, saya merasa masih takut.**
  왈라우뿐 수다ㅎ 머누뚭 즌델라, 사야 므라사 마시ㅎ 따꿋
  창문을 닫았지만 저는 여전히 두려움을 느꼈습니다.

- **Walaupun anaknya sudah membersihkannya, kamarnya masih berantakan.**
  왈라우뿐 아낙냐 수다ㅎ 멈버르시깐냐, 까마르냐 마시ㅎ 브란따깐
  아이가 청소를 했음에도 불구하고 방은 아직 어수선했다.

- **Walaupun sudah jam 11 malam, jalannya masih macet.**
  왈라우뿐 수다ㅎ 잠 스블라스 말람, 잘란냐 마시ㅎ 마쯧
  이미 밤 11시가 되었음에도 불구하고 길은 아직 막힌다.

- **Walaupun masih muda, dia sudah meninggal.**
  왈라우뿐 마시ㅎ 무다, 디아 수다ㅎ 머닝갈
  아직 젊은데 그는 세상을 떠났다.

- **Walaupun mahal, barangnya laris.**
  왈라우뿐 마할, 바랑냐 라리스
  비싼데도 불구하고 그 물건은 잘 팔린다.

- **Walaupun kerja dengan rajin, saya miskin.**
  왈라우뿐 꺼르자 등안 라진, 사야 미스낀
  열심히 일을 하지만 저는 가난합니다.

- **Walaupun bahasa Indonesia susah, saya suka belajarnya.**
  왈라우뿐 바하사 인도네시아 수사ㅎ, 사야 수까 블라자르냐
  인도네시아어는 어렵지만 저는 인도네시아어를 공부하는 것을 좋아합니다.

62p.mp3

패턴 복습

패턴 문장 인도네시아어 복습

01 창문을 닫았지만 저는 여전히 두려움을 느꼈습니다.

02 아이가 청소를 했음에도 불구하고 방은 아직 어수선했다.

03 이미 밤 11시가 되었음에도 불구하고 길은 아직 막힌다.

04 아직 젊은데 그는 세상을 떠났다.

05 비싼데도 불구하고 그 물건은 잘 팔린다.

06 열심히 일을 하지만 저는 가난합니다.

07 인도네시아어는 어렵지만 저는 인도네시아어를 공부하는 것을 좋아합니다.

실전 연습 실전 패턴 인도네시아어 쓰기

01 문을 닫았지만 저는 여전히 두려움을 느꼈습니다.

02 어머니께서 청소를 하셨는데도 불구하고 집은 아직 어수선했다.

03 이미 밤 11시가 되었음에도 불구하고 길이 여전히 북적거린다.

04 비가 내렸지만 그는 분명 떠났다.

05 위험했지만 그들은 분명 할 수 있었다.

06 그녀는 게으르지만 부유합니다.

kaya [까야] 부유한

07 어려웠지만 너는 분명 노력했다.

63 setelah

~한 후에

접속사

63b.mp3

• setelah는 sesudah와 같은 의미의 접속사로 sesudah보다 형식적인 의미가 강하다.

이 수업이 끝난 후에, 무엇을 할 거야?

Setelah kelas ini, mau melakukan apa?

스뜰라ㅎ 끌라스 이니, 마우 믈라꾸깐 아빠?

이 수업이 끝난 후에, 집에 갈 거야?

Setelah kelas ini, mau pulang?

스뜰라ㅎ 끌라스 이니, 마우 뿔랑?

이 수업이 끝난 후에, 기숙사에 갈 거야?

Setelah kelas ini, mau ke asrama?

스뜰라ㅎ 끌라스 이니, 마우 끄 아스라마?

이 수업이 끝난 후에, 축구할래?

Setelah kelas ini, mau bermain sepak bola?

스뜰라ㅎ 끌라스 이니, 마우 버르마인 세빡 볼라?

이 수업이 끝난 후에, TV 볼래?

Setelah kelas ini, mau menonton TV?

스뜰라ㅎ 끌라스 이니, 마우 머논똔 띠피?

이 수업이 끝난 후에, 피아노 칠래?

Setelah kelas ini, mau bermain piano?

스뜰라ㅎ 끌라스 이니, 마우 버르마인 삐아노?

패턴 학습 패턴을 활용한 문장 확장

63p.mp3

- **Saya menari setelah menyanyi.**
  사야 므나리 스뜰라ㅎ 므냐니
  저는 노래를 부르고 난 뒤에 춤을 춥니다.

- **Mereka bermain tenis setelah wawancara.**
  머레까 버르마인 떼니스 스뜰라ㅎ 와완짜라
  그들은 인터뷰 후에 테니스를 칩니다.

- **Bapak kembali setelah bekerja.**
  바빡 끔발리 스뜰라ㅎ 버꺼르자
  아버지는 일을 하고 돌아옵니다.

- **Kami berkeringat setelah berolahraga.**
  까미 버르끄링앗 스뜰라ㅎ 버르올라ㅎ라가
  우리는 운동을 하고 난 뒤에 땀이 났습니다.

- **Aku memasak setelah bangun.**
  아꾸 머마삭 스뜰라ㅎ 방운
  나는 일어난 후에 요리를 합니다.

- **Setelah kelas ini, mau berenang?**
  스뜰라ㅎ 끌라스 이니, 마우 버르낭?
  이 수업이 끝난 후에, 수영 할꺼야?

- **Setelah kuliah, mau menonton film?**
  스뜰라ㅎ 꿀리아ㅎ, 마우 머논똔 필름?
  학교 끝나고, 영화볼래?

63p.mp3

패턴 복습

패턴 문장 인도네시아어 복습

01 저는 노래를 부르고 난 뒤에 춤을 춥니다.

02 그들은 인터뷰 후에 테니스를 칩니다.

03 아버지는 일을 하고 돌아옵니다.

04 우리는 운동을 하고 난 뒤에 땀이 났습니다.

05 나는 일어난 후에 요리를 합니다.

06 이 수업이 끝난 후에, 수영 할 거야?

07 학교 끝나고, 영화 볼래?

실전 연습 실전 패턴 인도네시아어 쓰기

01 저는 공부를 한 뒤에 목욕을 합니다.

mandi [만디] 목욕하다

02 그들은 인터뷰 후에 배드민턴을 칩니다.

bulu tangkis [불루 땅끼스] 배드민턴

03 이 수업이 끝난 후에, 등산할래?

04 우리는 걷고 난 뒤에 땀이 났습니다.

05 나는 일어난 후에 세수를 합니다.

06 그들은 수영을 하고 난 후에 영화를 봅니다.

07 비가 온 뒤에 그는 출발했습니다.

selama

~하는 동안

접속사

64b.mp3

• selama가 '~을 하면서'라는 의미의 동시동작을 나타낼 때는 sambil[삼빌] 또는 serta[서르따]로 바꾸어 쓸 수 있다.

저는 3시간 동안 기차를 탑니다.

Saya naik kereta api selama 3 jam.

사야 나익 끄레따 아삐 슬라마 띠가 잠

저는 4시간 동안 전철을 탑니다.

Saya naik kereta bawah tanah selama 4 jam.

사야 나익 끄레따 바와ㅎ 따나ㅎ 슬라마 음빳 잠

저는 5시간 동안 안동을 탑니다.

Saya naik andong selama 5 jam.

사야 나익 안동 슬라마 리마 잠

저는 6시간 동안 버스를 탑니다.

Saya naik bis selama 6 jam.

사야 나익 비스 슬라마 으남 잠

저는 7시간 동안 차를 탑니다.

Saya naik mobil selama 7 jam.

사야 나익 모빌 슬라마 뚜주ㅎ 잠

저는 8시간 동안 택시를 탑니다.

Saya naik taksi selama 8 jam.

사야 나익 딱시 슬라마 들라빤 잠

패턴 학습 패턴을 활용한 문장 확장

64p.mp3

- **Saya tinggal di rumah besar selama 9 tahun.**
  사야 띵갈 디 루마ㅎ 브사르 슬라마 슴빌란 따훈
  저는 9년 동안 큰 집에 살았습니다.

- **Dia menyewa mobilnya selama 12 bulan.**
  디아 므녜와 모빌냐 슬라마 두아블라스 불란
  그는 12개월 동안 자동차를 렌트했다.

- **Selama ini mukanya pucat.**
  슬라마 이니, 무까냐 뿌짯
  여태까지 그녀의 얼굴이 창백했다.

- **Nenek tersenyum selama memberi salam.**
  네넥 떠르스늄 슬라마 멈브리 살람
  할머니께서는 인사를 하는 동안 미소를 지으셨다.

- **Saya berjalan-jalan ke Bandung selama liburan ini.**
  사야 버르잘란 잘란 끄 반둥 슬라마 리부란 이니
  저는 이번 휴가에 반둥으로 여행을 갑니다.

- **Saya naik becak selama 6 jam.**
  사야 나익 베짝 슬라마 으남 잠
  저는 6시간 동안 베짝을 탑니다.

- **Mereka harus naik pesawat selama 7 jam.**
  머레까 하루스 나익 쁘사왓 슬라마 뚜주ㅎ 잠
  그들은 7시간 동안 비행기를 타야 합니다.

64p.mp3

패턴 복습

패턴 문장 인도네시아어 복습

01 저는 9년 동안 큰 집에 살았습니다.

02 그는 12개월 동안 자동차를 렌트했다.

03 여태까지 그녀의 얼굴이 창백했다.

04 할머니께서는 인사를 하는 동안 미소를 지으셨다.

05 저는 이번 휴가에 반둥으로 여행을 갑니다.

06 저는 6시간 동안 베짝을 탑니다.

07 그들은 7시간 동안 비행기를 타야 합니다.

실전 연습 실전 패턴 인도네시아어 쓰기

01 저는 10년 동안 작은 집에 살았습니다.

02 그는 1년 동안 자동차를 렌트했다.

03 여태까지 슬퍼 보였다.

04 할머니께서는 인사를 하는 동안 웃으셨다.

05 저는 이번 휴가에 족자카르타로 여행을 갑니다.

Yogyakarta [족자까르따] 족자카르타

06 저는 6개월 동안 집을 빌렸습니다.

07 그들은 하루에 3시간 동안 공부해야 합니다.

sebelum

~하기 전에

접속사

65b.mp3

• setelah처럼 한국어 어순이 아닌 영어 어순을 따른다. 즉 A sebelum B 의 경우 B 전에 A가 발생했으므로 시간의 순서로 봤을 때 A가 먼저 일어나고 그 뒤에 B가 일어난 것으로 해석해야 한다.

저는 5시 정각 이전에 일어납니다.

Saya bangun sebelum jam 5 tepat.

사야 방운 스블룸 잠 리마 뜨빳

저는 5시 10분 전에 일어납니다.

Saya bangun sebelum jam 5.10.

사야 방운 스블룸 잠 리마 (르왓) 스쁠루ㅎ (므닛)

저는 5시 15분 전에 일어납니다.

Saya bangun sebelum jam 5.15.

사야 방운 스블룸 잠 리마 스뻐르음빳

저는 5시 20분 전에 일어납니다.

Saya bangun sebelum jam 5.20.

사야 방운 스블룸 잠 리마 두아 쁠루ㅎ (므닛)

저는 5시 50분 전에 일어납니다.

Saya bangun sebelum jam 5.50.

사야 방운 스블룸 잠 으남 꾸랑 스쁠루ㅎ (므닛)

저는 5시 55분 전에 일어납니다.

Saya bangun sebelum jam 5.55.

사야 방운 스블룸 잠 으남 꾸랑 리마 (므닛)

패턴 학습 패턴을 활용한 문장 확장

65p.mp3

- **Saya mengunci pintu sebelum berangkat.**
  사야 멍운찌 삔뚜 스블룸 브랑깟
  저는 출발하기 전에 문을 잠급니다.

- **Kita menyeterika baju sebelum melipatnya.**
  끼따 머녜뜨리까 바주 스블룸 믈리빳냐
  우리는 옷를 개기 전에 다림질을 합니다.

- **Ibu saya menyapu lantai sebelum mengepel.**
  이부 사야 머냐뿌 란따이 스블룸 멍으뻴
  저의 어머니는 걸레질을 하기 전에 바닥을 씁니다.

- **Dia berdandan sebelum pergi.**
  디아 버르단단 스블룸 뻐르기
  그녀는 가기 전에 치장을 합니다.

- **Saya menukar uang sebelum uangnya habis.**
  사야 머누까르 우앙 스블룸 우앙냐 하비스
  저는 돈을 다 쓰기 전에 환전합니다.

- **Saya bangun sebelum jam 5.30.**
  사야 방운 스블룸 잠 스뜽아ㅎ 으남
  저는 5시 30분 전에 일어납니다.

- **Kucing tidur sebelum jam 5.45.**
  꾸찡 띠두르 스블룸 잠 으남 꾸랑 스뻐르음빳
  고양이는 5시 45분 전에 잡니다.

65p.mp3

패턴 복습 패턴 문장 인도네시아어 복습

01 저는 출발하기 전에 문을 잠급니다.

02 우리는 옷을 개기 전에 다림질을 합니다.

03 저의 어머니는 걸레질을 하기 전에 바닥을 씁니다.

04 그녀는 가기 전에 치장을 합니다.

05 저는 돈을 다 쓰기 전에 환전합니다.

06 저는 5시 30분 전에 일어납니다.

07 고양이는 5시 45분 전에 잡니다.

실전 연습 실전 패턴 인도네시아어 쓰기

01 저는 자기 전에 문을 잠급니다.

02 우리는 식탁을 차리기 전에 설거지를 합니다.

03 저의 어머니는 옷을 세탁하기 전에 집을 청소하십니다.

04 그녀는 목욕하기 전에 양치질을 합니다.

05 저는 비행기를 타기 전에 환전합니다.

06 저는 수영을 하기 전에 옷을 갈아입습니다.

07 그들은 영화를 보기 전에 간식을 삽니다.

6 sambil

~하면서

접속사

66b.mp3

• sambil 뒤에는 서술어가 오며 dengan[등안] 또는 sembari[슴바리]와 바꾸어 쓸 수 있다.

우리는 친구를 기다리면서 이쑤시개를 달라고 했다.
Kami meminta tusuk gigi sambil menunggu temannya.
까미 머민따 뚜숙 기기 삼빌 머능구 뜨만냐

우리는 술을 마시면서 재떨이를 달라고 했다.
Kami meminta asbak sambil minum minuman keras.
까미 머민따 아스박 삼빌 미눔 미누만 끄라스

우리는 담배를 피우면서 빈땅 맥주 한 병을 더 달라고 했다.
Kami meminta sebotol bir Bintang lagi sambil merokok.
까미 머민따 스보똘 비르 빈땅 라기 삼빌 머로꼭

우리는 돈을 내면서 물을 달라고 했다.
Kami meminta air sambil membayar uang.
까미 머민따 아이르 삼빌 멈바야르 우앙

우리는 돈을 달라고 하면서 노래를 불렀다.
Kami menyanyi sambil meminta uang.
까미 머냐니 삼빌 머민따 우앙

우리는 욕실로 들어가면서 옷을 달라고 했다.
Kami meminta baju sambil masuk ke kamar mandi.
까미 머민따 바주 삼빌 마숙 끄 까마르 만디

66p.mp3

- Mereka bersantai sambil mengobrol.
  머레까 버르산따이 삼빌 멍오브롤
  그들은 이야기하면서 한가로이 쉬었다.

- Saya merasa kenyang sambil naik taksi.
  사야 므라사 끄냥 삼빌 나익 딱시
  저는 택시를 타면서 배가 부르다고 느꼈습니다.

- Bapak Seto bersantai sambil mendengarkan musik.
  바빡 세또 버르산따이 삼빌 먼등아르깐 무식
  세또 씨는 음악을 들으면서 여유를 즐겼다.

- Dia melepas jaketnya sambil duduk.
  디아 믈르빠스 자껫냐 삼빌 두둑
  그는 앉으면서 외투를 벗었습니다.

- Ia berlatih sambil berbaring.
  이아 버를라띠ㅎ 삼빌 버르바링
  그녀는 누워서 연습했습니다.

- Kami meminta maaf sambil menangis.
  까미 머민따 마아프 삼빌 므낭이스
  우리는 울면서 용서를 빌었다.

- Aku meminta tolong sambil mengejar lelaki itu.
  아꾸 머민따 똘롱 삼빌 멍에자르 를라끼 이뚜
  나는 그 남자를 따라가면서 도와달라고 요청했다.

66p.mp3

패턴 복습

패턴 문장 인도네시아어 복습

01 그들은 이야기하면서 한가로이 쉬었다.

02 저는 택시를 타면서 배가 부르다고 느꼈습니다.

03 세또 씨는 음악을 들으면서 여유를 즐겼다.

04 그는 앉으면서 외투를 벗었습니다.

05 그녀는 누워서 연습했습니다.

06 우리는 울면서 용서를 빌었다.

07 나는 그 남자를 따라가면서 도와달라고 요청했다.

실전 연습 실전 패턴 인도네시아어 쓰기

01 그들은 먹으면서 텔레비전을 본다.

02 저는 배고프다고 느끼면서 뛰었습니다.

03 세도 씨는 학교에 가면서 약을 먹었다.

04 그는 걸으면서 외투를 입었습니다.

05 그녀는 울면서 화를 냈습니다.

06 우리는 웃으면서 영화를 보았습니다.

07 할머니는 노래 부르면서 춤을 췄습니다.

ketika

~할 때

접속사

67b.mp3

• waktu[왁뚜]로 바꾸어 사용할 수 있으며 A ketika B 의 어순에서 'B할 때 A 한다'로 뒤에서부터 해석해야 한다.

그는 스리를 만났을 때 긴장했습니다.

Dia gugup ketika bertemu dengan Sri.

디아 구굽 끄띠까 버르뜨무 등안 스리

그는 스리를 만났을 때 배고팠습니다.

Dia lapar ketika bertemu dengan Sri.

디아 라빠르 끄띠까 버르뜨무 등안 스리

그는 스리를 만났을 때 화가 났습니다.

Dia marah ketika bertemu dengan Sri.

디아 마라ㅎ 끄띠까 버르뜨무 등안 스리

그는 스리를 만났을 때 걱정했습니다.

Dia cemas ketika bertemu dengan Sri.

디아 쯔마스 끄띠까 버르뜨무 등안 스리

그는 스리를 만났을 때 기뻐했습니다.

Dia bahagia ketika bertemu dengan Sri.

디아 바하기아 끄띠까 버르뜨무 등안 스리

그는 스리를 만났을 때 깜짝 놀랐습니다.

Dia kaget ketika bertemu dengan Sri.

디아 까겟 끄띠까 버르뜨무 등안 스리

패턴 학습 패턴을 활용한 문장 확장

67p.mp3

- **Jangan berisik ketika shalat.**
  장안 브리식 끄띠까 솔랏
  기도할 때 시끄럽게 하지 말아라.

- **Ketika saya bersin, tidak ada tisu.**
  끄띠까 사야 브르신, 띠닥 아다 띠쑤
  제가 재채기를 했을 때 휴지가 없었어요.

- **Dia selalu diam ketika bingung.**
  디아 슬랄루 디암 끄띠까 빙웅
  그녀는 혼란스러울 때 항상 조용하다.

- **Saya hampir mati ketika melahirkan.**
  사야 함삐르 마띠 끄띠까 믈라히르깐
  저는 아이를 낳을 때 거의 죽을뻔 했어요.

- **Ibu bilang itu rahasia ketika memecahkan piring.**
  이부 빌랑 이뚜 라하시아 끄띠까 머므짜ㅎ깐 삐링
  어머니는 접시를 깼을 때 그것은 비밀이라고 말했습니다.

- **Dia kesal ketika bertemu dengan Sri.**
  디아 끄살 끄띠까 버르뜨무 등안 스리
  그는 스리를 만났을 때 짜증이 났습니다.

- **Mereka cemas ketika menghadapi masalah itu.**
  머레까 쯔마스 끄띠까 멍하답삐 마살라ㅎ 이뚜
  그들은 그 문제에 직면했을 때 걱정했습니다.

67p.mp3

패턴 복습

패턴 문장 인도네시아어 복습

01 기도할 때 시끄럽게 하지 말아라.

02 제가 재채기를 했을 때 휴지가 없었어요.

03 그녀는 혼란스러울 때 항상 조용하다.

04 저는 아이를 낳을 때 거의 죽을 뻔했어요.

05 어머니는 접시를 깼을 때 그것은 비밀이라고 말했습니다.

06 그는 스리를 만났을 때 짜증이 났습니다.

07 그들은 그 문제에 직면했을 때 걱정했습니다.

실전 연습 실전 패턴 인도네시아어 쓰기

01 밤에 시끄럽게 하지 말아라.

02 제가 화장실에 갔을 때 휴지가 없었어요.

03 그녀는 혼란스러울 때 항상 화를 낸다.

04 저는 어릴 때 거의 죽을 뻔했어요.

05 어머니는 접시를 깼을 때 놀라셨어요.

kaget [까겟] 놀라다

06 그는 스리를 만났을 때 실망했습니다.

07 그들은 그 문제에 직면했을 때 슬퍼했습니다.

jika

~라면

접속사

68b.mp3

• apabila[아빠빌라], seandainya[스안다이냐], seumpama[스움빠마], kalau[깔라우] 등과 동의어다.

만약 그룹에 손해를 끼친다면 제가 책임을 지겠습니다.

Jika merugikan kelompok, saya akan bertanggung jawab.

지까 므루기깐 끌롬뽁, 사야 아깐 버르땅궁 자왑

만약 회사에 손해를 끼친다면 제가 책임을 지겠습니다.

Jika merugikan perusahaan, saya akan bertanggung jawab.

지까 므루기깐 뻐르우사하안, 사야 아깐 버르땅궁 자왑

만약 국가의 재정에 손해를 끼친다면 제가 책임을 지겠습니다.

Jika merugikan keuangan negara, saya akan bertanggung jawab.

지까 므루기깐 끄우앙안 네가라, 사야 아깐 버르땅궁 자왑

만약 인류에 손해를 끼친다면 제가 책임을 지겠습니다.

Jika merugikan manusia, saya akan bertanggung jawab.

지까 므루기깐 마누시아, 사야 아깐 버르땅궁 자왑

만약 세상에 손해를 끼친다면 제가 책임을 지겠습니다.

Jika merugikan bumi, saya akan bertanggung jawab.

지까 므루기깐 부미, 사야 아깐 버르땅궁 자왑

만약 가족에게 손해를 끼친다면 제가 책임을 지겠습니다.

Jika merugikan keluarga, saya akan bertanggung jawab.

지까 므루기깐 끌루아르가, 사야 아깐 버르땅궁 자왑

패턴 학습 패턴을 활용한 문장 확장

68p.mp3

- **Jika saya membuka pintu, pasti akan mengganggu adikku.**
  지까 사야 멈부까 삔뚜, 빠스띠 아깐 멍강구 아딕꾸
  이 문을 연다면 분명 내 동생에게 방해가 될 것이다.

- **Jika lancar bahasa Indonesia, aku tidak usah belajar.**
  지까 란짜르 바하사 인도네시아, 아꾸 띠닥 우사ㅎ 블라자르
  인도네시아어를 잘할 줄 안다면 나는 공부할 필요가 없을 텐데.

- **Andai bisa terbang, aku mau ke Eropa.**
  안다이 비사 떠르방, 아꾸 마우 끄 에로빠
  날 수 있다면 유럽에 가고 싶다.

- **Jika terjadi kayak begini, bagaimana mengatasinya?**
  지까 떠르자디 까약 버기니, 바가이마나 믕아따시냐?
  이런 식으로 일어난다면, 어떻게 극복하지?

- **Jika ada peluang, aku mau coba.**
  지까 아다 쁠루앙, 아꾸 마우 쪼바
  기회가 있다면 나는 시도해 보고 싶다.

- **Jika merugikan orang lain, saya akan bertanggung jawab.**
  지까 므루기깐 오랑 라인, 사야 아깐 버르땅궁 자왑
  다른 사람에게 손해를 입힌다면 제가 책임지겠습니다.

- **Jika polusi parah, manusia akan (berada) dalam bahaya.**
  지까 뽈루시 빠라ㅎ, 마누시아 아깐 (브라다) 달람 바하야
  오염이 심하면 인류는 위험해질 것이다.

68p.mp3

패턴 복습

패턴 문장 인도네시아어 복습

01 이 문을 연다면 분명 내 동생에게 방해가 될 것이다.

02 인도네시아어를 잘할 줄 안다면 나는 공부할 필요가 없을 텐데.

03 날 수 있다면 유럽에 가고 싶다.

04 이런 식으로 일어난다면, 어떻게 극복하지?

05 기회가 있다면 나는 시도해 보고 싶다.

06 다른 사람에게 손해를 입힌다면 제가 책임지겠습니다.

07 오염이 심하면 인류는 위험해질 것이다.

실전 연습 실전 패턴 인도네시아어 쓰기

01 이 문을 닫는다면 분명 안전할 것이다.

02 인도네시아 사람이라면 나는 인도네시아어를 공부할 필요가 없을 텐데.

03 날 수 있다면 나는 미국에 가고 싶다.

Amerika [아메리까] 미국

04 이런 식으로 일어난다면, 어떻게 회복하지?

05 기회가 있다면 나는 배드민턴을 쳐 보고 싶다.

06 당신이 수영을 할 수 있다면 우리는 발리로 가겠습니다.

07 내가 부자라면 너에게 돈을 줄 수 있을 텐데.

jadi

그래서

접속사

69b.mp3

• '그래서' 라는 의미를 갖는 oleh karena itu[올레ㅎ 까르나 이뚜], oleh sebab itu[올레ㅎ 스밥 이뚜], sehingga[스힝가], maka[마까] 등과 동의어이다.

제 아이는 길을 잘 알아서 그제 길을 잃어버리지 않았습니다.

Anak saya pintar mencari jalannya, jadi dia tidak tersesat kemarin dulu.

아낙 사야 삔따르 믄짜리 잘란냐, 자디 디아 띠닥 떠르스삿 끄마린 둘루

제 아이는 길을 잘 알아서 내일 길을 잃어버리지 않을 것입니다.

Anak saya pintar mencari jalannya, jadi dia tidak akan tersesat besok.

아낙 사야 삔따르 믄짜리 잘란냐, 자디 디아 띠닥 아깐 떠르스삿 베속

제 아이는 길을 잘 알아서 모레 길을 잃어버리지 않을 것입니다.

Anak saya pintar mencari jalannya, jadi dia tidak akan tersesat lusa.

아낙 사야 삔따르 믄짜리 잘란냐, 자디 디아 띠닥 아깐 떠르스삿 루사

제 아이는 길을 잘 알아서 아까 길을 잃어버리지 않았습니다.

Anak saya pintar mencari jalannya, jadi dia tidak tersesat tadi.

아낙 사야 삔따르 믄짜리 잘란냐, 자디 디아 띠닥 떠르스삿 따디

제 아이는 길을 잘 알아서 3일 전에 길을 잃어버리지 않았습니다.

Anak saya pintar mencari jalannya, jadi dia tidak tersesat 3 hari yang lalu.

아낙 사야 삔따르 믄짜리 잘란냐, 자디 디아 띠닥 떠르스삿 띠가 하리 양 랄루

패턴 학습 패턴을 활용한 문장 확장

69p.mp3

- **Saya rajin belajar jadi orang tua saya bangga.**
  사야 라진 블라자르 자디 오랑 뚜아 사야 방가
  제가 열심히 공부를 해서 부모님께서 자랑스럽게 생각하신다.

- **Bapak Budi orangnya sangat sombong. Jadi orang-orang benci sama dia.**
  바빡 부디 오랑냐 상앗 솜봉. 자디 오랑 오랑 븐찌 사마 디아
  부디 씨는 사람이 아주 거만하다. 그래서 사람들이 그를 싫어한다.

exp 명사를 2번 반복해서 쓰면 복수형이 됩니다.(orang-orang 사람들)

- **Ayah selalu memberi uang saku jadi Rina senang.**
  아야ㅎ 슬랄루 멈브리 우앙 사꾸 자디 리나 스낭
  아버지께서는 늘 용돈을 주신다. 그래서 리나는 기쁘다.

- **Makanannya belum jadi.**
  마깐안냐 블룸 자디
  음식이 아직 안 되었다.

- **Rapatnya tidak jadi.**
  라빳냐 띠닥 자디
  그 회의는 취소되었습니다.

- **Tadi hujan berhenti, jadi tidak usah membawa payung.**
  따디 후잔 버르흔띠, 자디 띠닥 우사ㅎ 멈바와 빠융
  아까 비가 멈춰서 우산을 가져갈 필요가 없다.

- **3 hari yang lalu aku sudah berbelanja, jadi hari ini tidak usah.**
  띠가 하리 양 랄루 아꾸 수다ㅎ 버르블란자, 자디 하리 이니 띠닥 우사ㅎ
  3일 전에 나는 장을 봐서 오늘은 (장을 보러 갈) 필요가 없다.

69p.mp3

패턴 복습

패턴 문장 인도네시아어 복습

01 제가 열심히 공부를 해서 부모님께서 자랑스럽게 생각하신다.

02 부디 씨는 사람이 아주 거만하다. 그래서 사람들이 그를 싫어한다.

03 아버지께서는 늘 용돈을 주신다. 그래서 리나는 기쁘다.

04 음식이 아직 안 되었다.

05 그 회의는 취소되었습니다.

06 아까 비가 멈춰서 우산을 가져갈 필요가 없다.

07 3일 전에 나는 장을 봐서 오늘은 (장을 보러 갈) 필요가 없다.

실전 연습 실전 패턴 인도네시아어 쓰기

01 나는 열심히 공부를 해서 돈을 많이 벌 것이다.

02 부디씨는 예의 바르다. 그래서 사람들이 그를 좋아한다.

03 아버지께서는 늘 건강하시다. 그래서 리나는 기쁘다.

04 보고서가 아직 안되었다.

laporan [라뽀란] 보고서

05 출발이 취소되었습니다.

06 아까 비가 멈춰서 걱정할 필요가 없다.

07 저는 4주 전에 아이를 만나서 그녀가 그립습니다.

rindu [린두] 그립다

karena

왜냐하면

접속사

70b.mp3

• jadi는 '원인 + jadi + 결과'의 어순이지만 karena는 반대로 '결과 + karena + 원인'의 어순임을 주의한다.

나는 그녀 때문에 거짓말을 했다.

Aku berbohong karena dia.

아꾸 버르보홍 까르나 디아

나는 그녀 때문에 어머니의 손에 뽀뽀를 했다.

Aku mencium tangan ibu karena dia.

아꾸 믄찌움 땅안 이부 까르나 디아

나는 그녀 때문에 깜짝 놀랐다.

Aku kaget karena dia.

아꾸 까겟 까르나 디아

나는 그녀 때문에 그것을 받아들였다.

Aku menerimanya karena dia.

아꾸 머느리마냐 까르나 디아

나는 그녀 때문에 기도를 했다.

Aku berdoa karena dia.

아꾸 버르도아 까르나 디아

나는 그녀 때문에 짜증이 났다.

Aku kesal karena dia.

아꾸 끄살 까르나 디아

패턴 학습 패턴을 활용한 문장 확장

70p.mp3

- **Saya selalu mengantuk karena kurang tidur.**
  사야 슬랄루 멍안뚝 까르나 꾸랑 띠두르
  저는 잠이 부족해서 항상 졸립니다.

- **Karena kencing sembarangan, polisi menangkapnya.**
  까르나 끈찡 슴바랑안, 뽈리시 므낭깝냐
  노상방뇨 때문에 경찰이 그를 잡았다.

- **Karena dia terlalu sibuk, istrinya kesepian.**
  까르나 디아 떠르랄루 시북, 이스뜨리냐 끄스삐안
  그가 너무 바빠서 그의 부인은 외롭다.

- **Karena mabuk, dia kehilangan jam tangannya.**
  까르나 마북, 디아 끄힐랑안 잠 땅안냐
  술에 취해서 그는 손목시계를 잃어버렸다.

- **Karena aku tidak pernah mendengarkan kata ayah, ibu memarahiku.**
  까르나 아꾸 띠닥 뻐르나ㅎ 믄등아르깐 까따 아야ㅎ, 이부 머마라히꾸
  나는 아버지 말씀을 들어본 적이 없기 때문에 어머니께서 나에게 화를 내셨다.

- **Aku memberi tanda tangan karena dia.**
  아꾸 멈브리 딴다 땅안 까르나 디아
  나는 그녀 때문에 서명을 했다.

- **Orang tua menerima semuanya karena anaknya.**
  오랑 뚜아 머느리마 스무아냐 까르나 아낙냐
  부모님은 아이 때문에 모든 것을 받아들였다.

70p.mp3

패턴 복습 패턴 문장 인도네시아어 복습

01 저는 잠이 부족해서 항상 졸립니다.

02 노상방뇨 때문에 경찰이 그를 잡았다.

03 그가 너무 바빠서 그의 부인은 외롭다.

04 술에 취해서 그는 손목시계를 잃어버렸다.

05 나는 아버지 말씀을 들어본 적이 없기 때문에 어머니께서 나에게 화를 내셨다.

06 나는 그녀 때문에 서명을 했다.

07 부모님은 아이 때문에 모든 것을 받아들였다.

실전 연습 실전 패턴 인도네시아어 쓰기

01 저는 피곤해서 항상 졸립니다.

02 쓰레기를 아무 데나 버려서 경찰이 그를 잡았다.

03 그는 너무 바빠서 운동을 할 수 없다.

04 술에 취해서 그는 신발을 잃어버렸다.

05 나는 쇼핑하는 것을 좋아해서 저금을 할 수 없다.

menabung [머나붕] 저금하다

06 나는 서명을 해서 손해를 봤다.

07 부모님은 가난해서 그것을 살 수 없다.

정답

01. ini 이것은-/이분은-

패턴 복습

❶ Ini pedas.
❷ Ini orang Korea.
❸ Ini siapa?
❹ Saya membeli tas hari ini.
❺ Saya mau yang ini.
❻ Ini susu saya.
❼ Apa ini?

실전 연습

❶ Ini teman saya.
❷ Saya membeli buku hari ini.
❸ Ini manis.
❹ Saya membeli sepatu kemarin.
❺ Anda mau ini?
❻ Ini tas saya.
❼ Ini HP Anda?

02. itu 그(저)것은-/그(저)분은

패턴 복습

❶ Itu sepatu saya.
❷ Baju itu ukuran S.
❸ Waktu itu, saya merasa sedih.
❹ Itu keponakan saya.
❺ Wanita itu pembantu kami.
❻ Apa itu?
❼ Siapa itu?

실전 연습

❶ Itu tas saya.
❷ Baju itu ukuran M.
❸ Waktu itu, saya merasa bahagia.
❹ Itu sepupu saya.
❺ Pria itu satpam kami.
❻ Apa binatang itu?
❼ Barang itu apa?

03. adalah -이다

패턴 복습

❶ Itu adalah Ibu saya.
❷ Ibu saya adalah doktor.
❸ Dia adalah ayah saya.
❹ Ia adalah gadis cantik.
❺ Saya adalah guru bahasa Indonesia.
❻ Ini adalah mobil.
❼ Mereka adalah teman.

실전 연습

❶ Itu adalah ayah saya.
❷ Ibu saya adalah suster.
❸ Dia adalah kakek saya.
❹ Ia adalah pria ganteng.
❺ Saya adalah guru bahasa Inggris.
❻ Ini adalah kursi.
❼ Mereka adalah mahasiswa.

04. ada -있다

패턴 복습

❶ Kucing saya ada di bawah meja.
❷ Suami Anda ada di kantornya.
❸ Mereka ada di dalam kolam renang.
❹ Saya ada pertanyaan.
❺ Di atas meja ada banyak uang.
❻ Ada apa?
❼ Siapa ada?

실전 연습

❶ Anjing saya ada di bawah kursi.
❷ Istri Anda ada di kantornya.
❸ Mereka ada di sekolah.
❹ Di sana ada air.
❺ Di sini ada banyak makanan.
❻ Ibu saya ada di dapur.

❼ Ibu ada di mana?

05. sini 여기

패턴 복습

❶ Tunggu di sini.
❷ Makanan di sini terkenal.
❸ Kamar kecil ada di sini.
❹ Yang ada di sini adalah mobilnya.
❺ Restoran itu jauh dari sini.
❻ Di sini ada apa?
❼ Ke sini.

실전 연습

❶ Sikat gigi ada di sini.
❷ Di sini terkenal.
❸ Restoran ada di sini.
❹ Yang ada di sini adalah handuknya.
❺ Rumah itu jauh dari sini.
❻ Di sini ada kamar kecil?
❼ Coba ke sini.

06. sana 저기

패턴 복습

❶ Di sana.
❷ Dari sana.
❸ Di sana adalah perpustakaan.
❹ Mau ke sana?
❺ Waktunya berapa lama dari sini ke sana?
❻ Kantornya ada di sana.
❼ Meja ada di sana.

실전 연습

❶ Dia tidak ada di sana.
❷ Dia dari sana.
❸ Di sana adalah kantor polisi.
❹ Saya tidak ke sana.
❺ Seberapa jauh dari sini ke sana?
❻ Mobilnya ada di sana.
❼ Dompet ada di sana.

07. situ 거기는

패턴 복습

❶ Taruh di situ saja.
❷ Handuk ada di situ.
❸ Aku ada di situ.
❹ Di situ ada apa?
❺ Di situ ramai.
❻ Kapan kembali dari situ?
❼ Jauh dari situ.

실전 연습

❶ Makan di situ saja.
❷ Buku ada di situ.
❸ Ibu ada di situ.
❹ Di situ tidak ada sikat gigi.
❺ Di situ kotor.
❻ Kapan mau ke situ?
❼ Dekat dari situ.

08. harus -해야 합니다

패턴 복습

❶ Kamu harus bahagia.
❷ Bapak harus lebih cepat.
❸ Anda harus selesai sesuai jadwal.
❹ Seharusnya kita sudah pesan dulu.
❺ Haruskah saya minum obat ini?
❻ Kamu harus ada di sini.
❼ Anda harus tunggu di sini.

실전 연습

❶ Aku harus pergi.
❷ Anda harus lebih cepat.
❸ Kelas harus selesai sesuai jadwal.

❹ Seharusnya kita sudah makan dulu.
❺ Haruskah saya makan makanan ini?
❻ Uang harus ada di sini.
❼ Anda harus kembali ke sini.

09. akan -할 것입니다

패턴 복습

❶ Ibu akan marah.
❷ Rapat itu akan dibatalkan.
❸ Orang itu pasti akan merasa malu.
❹ Apa yang akan terjadi?
❺ Dia akan menikah dengan pria itu.
❻ Mereka akan makan pagi.
❼ Bapak akan naik bus.

실전 연습

❶ Ayah akan marah.
❷ Pesan itu akan dibatalkan.
❸ Orang itu pasti akan merasa dekat.
❹ Hal itu sudah terjadi.
❺ Dia akan menikah dengan wanita itu.
❻ Mereka akan makan siang.
❼ Bapak akan naik taksi.

10. bisa -할 수 있습니다

패턴 복습

❶ Ada yang bisa saya bantu?
❷ Itu bisa terjadi.
❸ Saya bisa memahami maksudnya.
❹ Aku tidak bisa tahan lagi.
❺ Bisakah saya pakai ini?
❻ Anda bisa pergi.
❼ Anda bisa pesan dulu.

실전 연습

❶ Ada apa?
❷ Itu tidak bisa terjadi.
❸ Saya tidak bisa memahami.
❹ Aku bisa tahan.
❺ Bisakah saya bawa ini?
❻ Anda bisa melakukan itu.
❼ Anda bisa tidur dulu.

11. boleh -해도 됩니다

패턴 복습

❶ Apakah saya boleh bertanya?
❷ Anda tidak boleh belok kanan di sini.
❸ Boleh saya minta nomor telepon Anda?
❹ Saya boleh duduk di sini?
❺ Apakah saya boleh tahu alasannya?
❻ Anda boleh ada di sini.
❼ Saya boleh makan?

실전 연습

❶ Apakah saya boleh meminta sesuatu?
❷ Anda tidak boleh belok kiri di sini.
❸ Boleh saya minta alamat Anda?
❹ Saya boleh ada di sini?
❺ Apakah saya boleh tahu itu?
❻ Anda tidak boleh masuk ke sini.
❼ Saya boleh ke situ?

12. mau -원합니다

패턴 복습

❶ Aku juga mau!
❷ Mau apa?
❸ Mau makan?

❹ Saya sedang mau tidur.
❺ Aku mau ke Korea.
❻ Mereka mau ini.
❼ Saya mau bertanya.

실전 연습

❶ Aku tidak mau!
❷ Mau yang mana?
❸ Mau pergi?
❹ Saya sedang mau makan itu.
❺ Aku mau ke Indonesia.
❻ Mereka mau itu.
❼ Saya mau ukuran S.

13. perlu -필요합니다

패턴 복습

❶ Kamu perlu beristirahat.
❷ Aku perlu membeli handuk sama sabun.
❸ Apa Anda perlu ini?
❹ Apakah Anda perlu kartu identitas saya?
❺ Tidak perlu kata apa-apa.
❻ Kamu perlu pergi lebih cepat.
❼ Anda perlu apa?

실전 연습

❶ Kamu perlu aku.
❷ Aku perlu membeli meja sama kursi.
❸ Apa Anda perlu itu?
❹ Apakah Anda perlu uang saya?
❺ Tidak perlu apa pun.
❻ Kamu perlu berolahraga.
❼ Anda perlu buku apa?

14. sedang -하는 중입니다

패턴 복습

❶ Saya sedang di jalan.
❷ Kamu sedang apa?
❸ Sirsak sedang bermusim.
❹ Dia sedang sehat.
❺ Waktu itu, saya sedang mandi.
❻ Mereka sedang tidur.
❼ Apakah Anda sedang beristirahat?

실전 연습

❶ Saya sedang di telepon.
❷ Kamu sedang ada di mana?
❸ Mangga sedang bermusim.
❹ Dia sedang berolahraga.
❺ Waktu itu, saya sedang makan malam.
❻ Mereka sedang di ruang keluarga.
❼ Apakah Anda sedang mandi?

15. sudah (이미) 했습니다

패턴 복습

❶ Saya tinggal di Indonesia sudah dua tahun.
❷ Apakah Anda sudah berkeluarga?
❸ Anda sudah punya anak?
❹ Aku sudah pesan.
❺ Kami sudah bosan.
❻ Mereka sudah mandi.
❼ Dia sudah sembuh.

실전 연습

❶ Saya tinggal di Indonesia sudah lima tahun.
❷ Apakah Anda sudah belajar bahasa Indonesia?
❸ Anda sudah punya pacar?
❹ Aku sudah beli.

❺ Kami sudah marah.
❻ Mereka sudah makan.
❼ Dia sudah pergi.

16. masih 여전히/아직도-합니다

패턴 복습

❶ Apakah Anda masih di Singapura?
❷ Waktu masih kecil, saya tinggal dengan kakek.
❸ Kami masih muda.
❹ Kamarnya masih kotor.
❺ Masih hujan.
❻ Dia masih tidur.
❼ Saya masih belajar.

실전 연습

❶ Apakah Anda masih di Korea Selatan?
❷ Waktu masih kecil, saya tinggal dengan nenek.
❸ Kami masih sehat.
❹ Kamarnya masih panas.
❺ Masih berangin.
❻ Dia masih tidur.
❼ Saya masih tinggal di Seoul.

17. pernah 한 적 있습니다

패턴 복습

❶ Anda pernah ke Bali?
❷ Saya pernah dengar tentang itu.
❸ Apakah Anda pernah makan masakan Indonesia?
❹ Pernahkah bekerja lembur?
❺ Kamu pernah ambil cuti?
❻ Saya pernah bertemu dengan mereka.
❼ Anda pernah menginap di sini?

실전 연습

❶ Anda pernah ke Jakarta?
❷ Saya pernah dengar tentang kabarnya.
❸ Apakah Anda pernah makan masakan Korea?
❹ Pernahkah belajar bahasa Korea?
❺ Kamu pernah coba makanan ini?
❻ Saya pernah bermain dengan mereka.
❼ Anda pernah membeli di sini?

18. baru 막 – 했습니다

패턴 복습

❶ Saya baru tiba di bandara.
❷ Mereka baru menikah?
❸ Dia baru mendapat gaji.
❹ Kami baru saja saling kenal.
❺ Suami saya baru berangkat.
❻ Bapak baru naik taksi.
❼ Anak baru mengganti baju.

실전 연습

❶ Saya baru tiba di restoran.
❷ Mereka baru keluar?
❸ Dia baru mendapat uang jajan.
❹ Kami baru saja saling bertengkar.
❺ Istri saya baru berangkat.
❻ Bapak baru naik pesawat.
❼ Anak baru pakai kacamata.

19. kurang 부족하다

패턴 복습

❶ Kulkasnya kurang dingin.
❷ Saya kurang tahu tentang hal itu.
❸ Sepertinya kamu kurang mengerti.
❹ Uangnya kurang.

❺ Rasanya kurang enak.
❻ Saya kurang suka.
❼ Aku kurang tahu.

실전 연습

❶ ACnya kurang dingin.
❷ Saya kurang tahu.
❸ Saya kurang mengerti.
❹ Makanannya kurang.
❺ Itu kurang bagus.
❻ Saya kurang senang.
❼ Aku kurang enak (hati).

20. cukup 충분하다

패턴 복습

❶ Waktunya masih cukup.
❷ Kaosnya cukup besar.
❸ Biaya pendidikan itu cukup mahal.
❹ Kalau 1 tahun, sudah cukup.
❺ Kalau sudah jam segini, sudah cukup.
❻ Ini belum cukup.
❼ ACnya sudah cukup dingin.

실전 연습

❶ Barangnya masih cukup.
❷ Roknya cukup besar.
❸ Harga itu cukup mahal.
❹ Kalau 1 bulan, sudah cukup.
❺ Segini sudah cukup.
❻ Itu belum cukup.
❼ Ini tidak cukup.

21. terlalu 너무

패턴 복습

❶ Durian ini terlalu matang.
❷ Kamu terlalu jahat.
❸ Kereta api terlalu bahaya.
❹ Bahasa Indonesia terlalu susah.
❺ Dompetku terlalu kecil.
❻ Waktunya terlalu lama.
❼ Cuacanya terlalu dingin.

실전 연습

❶ Buah ini terlalu matang.
❷ Kamu terlalu tinggi.
❸ Orang itu terlalu bahaya.
❹ Bahasa Indonesia terlalu mudah.
❺ Dompetku terlalu besar.
❻ Harganya terlalu mahal.
❼ Cuacanya terlalu panas.

22. sangat 매우/아주

패턴 복습

❶ Orang Indonesia sangat ramah.
❷ Orang Korea sangat rajin.
❸ Rambutnya sangat pendek.
❹ Kelihatannya sangat baik.
❺ Acara itu sangat penting bagi saya.
❻ Rasanya sangat bagus.
❼ Anaknya sangat pintar.

실전 연습

❶ Orang Indonesia sangat baik.
❷ Orang Korea bekerja dengan sangat rajin.
❸ Rambutnya sangat panjang.
❹ Kelihatannya sangat mahal.
❺ Hal itu sangat penting bagi saya.
❻ Rumahnya sangat bagus.
❼ Mereka sangat pintar.

23. paling 가장

패턴 복습

❶ Baunya paling tidak enak.
❷ Dia paling kaya di Indonesia.

❸ Pasar ini paling murah.
❹ Bagasi itu paling ringan.
❺ Pemandangan di sini paling indah.
❻ Dia paling pendek di dalam keluarganya.
❼ Kerjanya paling banyak.

실전 연습

❶ Baunya paling harum.
❷ Dia paling pintar di Indonesia.
❸ Barang ini paling bagus.
❹ Bagasi itu paling besar.
❺ Wanita ini paling indah.
❻ Dia paling tinggi di dalam keluarganya.
❼ Kerjanya paling sedikit.

24. semua 모든

패턴 복습

❶ Semua perbelanjaan harus segera dibereskan.
❷ Semua mobil di depan saya bertabrakan.
❸ Anda boleh melewati semua jalan tol.
❹ Semua kompornya rusak.
❺ Semua mahasiswa harus pakai baju yang sopan.
❻ Semuanya sudah baik.
❼ Semuanya berapa?

실전 연습

❶ Semua barang harus segera dibereskan.
❷ Semua orang di depan saya bertengkar.
❸ Anda boleh memakai semua fasilitas.
❹ Semua kulkasnya dirusak.
❺ Semua peserta harus pakai baju yang sopan.
❻ Semuanya sudah sembuh.
❼ Semuanya ada di mana?

25. beberapa 몇몇의

패턴 복습

❶ Sudah beberapa kali.
❷ Saya ingin meminjam uang untuk beberapa hari.
❸ Anaknya bermain dengan beberapa temannya.
❹ Dia mau mengundang beberapa pelukis.
❺ Aku sudah mampir di beberapa tempat.
❻ Mereka menjual beberapa barang.
❼ Saya sudah membelinya beberapa.

실전 연습

❶ Aku sudah bertemu dengan dia beberapa kali.
❷ Saya ingin meminjam mobil untuk beberapa hari.
❸ Anaknya tinggal dengan beberapa temannya.
❹ Dia mau mengundang beberapa guru.
❺ Aku belum mampir di beberapa tempat.
❻ Mereka menjual beberapa obat.
❼ Saya sudah menjualnya beberapa.

26. selalu 항상

패턴 복습

❶ Jalan itu selalu macet.
❷ Dia selalu makan 2 porsi.
❸ Mereka selalu membantu saya.
❹ Aku selalu memakai ini.

❺ Ayahku selalu ada di gereja.
❻ Polusi selalu ada di daerah ini.
❼ Dia selalu sakit karena efek samping.

실전 연습

❶ Jalan itu selalu ramai.
❷ Dia selalu banyak makan.
❸ Mereka selalu mencintai saya.
❹ Aku selalu makan ini.
❺ Ayahku selalu ada di tokonya.
❻ Makanan selalu ada di rumah ini.
❼ Dia selalu sehat.

27. kadang-kadang 가끔

패턴 복습

❶ Pacarku kadang-kadang minum kopi.
❷ Kadang-kadang kantin itu tutup.
❸ Kakakku kadang-kadang keluar.
❹ Saya kadang-kadang berbelanja di supermarket.
❺ Aku kadang-kadang memancing di laut.
❻ Dia kadang-kadang pergi ke gereja.
❼ Saya kadang-kadang lupa.

실전 연습

❶ Pacarku kadang-kadang minum minuman keras.
❷ Kadang-kadang kantin itu ramai.
❸ Kakakku kadang-kadang pulang.
❹ Saya kadang-kadang berbelanja di pasar.
❺ Aku kadang-kadang suka memancing.
❻ Dia kadang-kadang membersihkan rumah.
❼ Saya kadang-kadang berolahraga.

28. biasanya 보통

패턴 복습

❶ Ibu saya biasanya suka memasak di dapur.
❷ Saya biasanya menabung 50% dari gaji.
❸ Biasanya paman saya pergi ke kantor naik mobilnya.
❹ Aku biasanya bermain internet di rumah.
❺ Biasanya kamu sarapan?
❻ Biasanya jam berapa Anda bangun?
❼ Biasanya kamu makan apa?

실전 연습

❶ Ibu saya biasanya suka tidur di ruang keluarga.
❷ Saya biasanya berolahraga setiap hari.
❸ Biasanya paman saya pergi ke kantor naik kereta api.
❹ Aku biasanya bermain dengan adik di rumah.
❺ Biasanya jam berapa kamu makan malam?
❻ Biasanya jam berapa Anda tidur?
❼ Biasanya kamu melakukan apa pada akhir minggu?

29. tidak(belum) pernah 전혀/한 번도 하지 않는

패턴 복습

❶ Saya belum pernah ke Indonesia.

② Dia belum pernah mengajar bahasa Jepang.
③ Nenekku belum pernah berjalan-jalan.
④ Batik di toko ini tidak pernah murah.
⑤ Aku belum pernah malas.
⑥ Mereka belum pernah mempunyai HP.
⑦ Saya belum pernah naik ojek.

실전 연습

① Saya belum pernah ke Jakarta.
② Dia belum pernah mengajar bahasa Korea.
③ Kakekku belum pernah berjalan-jalan.
④ Pakaian di toko ini tidak pernah murah.
⑤ Aku belum pernah rajin.
⑥ Mereka belum pernah mempunyai mobil.
⑦ Saya belum pernah naik pesawat.

30. sering 자주

패턴 복습

① Lampu di Indonesia sering gelap.
② Celananya sering pendek.
③ Kakek saya sering menelepon saya.
④ Belakangan ini sering lembap.
⑤ Guru bahasa Indonesia sering buru-buru.
⑥ Saya sering mandi.
⑦ Bapak sering marah.

실전 연습

① Tisu di toilet di Indonesia sering tidak ada.
② Roknya sering pendek.
③ Orang tua saya sering menelepon saya.
④ Belakangan ini sering berangin.
⑤ Orang Indonesia sering buru-buru.
⑥ Saya sering belajar.
⑦ Bapak sering sedih.

31. siapa 누구

패턴 복습

① Siapa nama Anda?
② Saya bicara dengan siapa?
③ Ini topi siapa?
④ Siapa yang panggil saya?
⑤ Atas nama siapa?
⑥ Ini siapa?
⑦ Itu punya siapa?

실전 연습

① Siapa pacarmu?
② Itu siapa?
③ Ini sepatu siapa?
④ Siapa yang panggil taksi?
⑤ Ini giliran siapa?
⑥ Siapa makan ini?
⑦ Itu punya saya.

32. kapan 언제

패턴 복습

① Kapan ulang tahun Anda?
② Sejak kapan Anda mau menginap di hotel?
③ Kapan mau bertemu lagi?
④ Apa kamu tahu kapan itu akan mulai?
⑤ Anda kapan pun boleh masuk.
⑥ Musim hujannya kapan?

❼ Kapan ke pasar?

실전 연습

❶ Kapan Anda berangkat?
❷ Sejak kapan Anda mau tinggal di Indonesia?
❸ Kapan mau bermain lagi?
❹ Apa kamu tahu kapan itu akan selesai?
❺ Kita kapan pun bisa bertemu.
❻ Musim kemaraunya kapan?
❼ Kapan ke sekolah?

33. apa 무엇을

패턴 복습

❶ Apa kabar?
❷ Tidak apa-apa
❸ Apa pun boleh.
❹ Kamu khawatir tentang apa?
❺ Apa perkerjaan Anda?
❻ Mau apa?
❼ Apa warna itu?

실전 연습

❶ Hari ini hari apa?
❷ Anda mau naik apa?
❸ Apa pun bagus.
❹ Kamu berpikir tentang apa?
❺ Anda mau bertanya apa?
❻ Mau pesan apa?
❼ Anda suka warna apa?

34. bagaimana 어떻게

패턴 복습

❶ Bagaimana rasa rendang itu?
❷ Bagaimana kamu akan ke sana?
❸ Bagaimana cara membuat sambal?
❹ Bagaimana kalau kita berjalan-jalan bersama?
❺ Bagaimana dia sekarang?
❻ Bagaimana kabarnya?
❼ Caranya bagaimana?

실전 연습

❶ Bagaimana rasa makanan itu?
❷ Bagaimana kamu akan ke Bali?
❸ Bagaimana cara membuat nasi goreng?
❹ Bagaimana kalau kita bersama pergi?
❺ Ini bagaimana?
❻ Bagaimana menurut Anda?
❼ Bagaimana orang Indonesia?

35. mana 어느

패턴 복습

❶ Anda berasal dari mana?
❷ Saya mau pergi ke mana-mana untuk liburan ini.
❸ Saya harus membaca sampai mana?
❹ Arahnya ke mana?
❺ Pacarmu ada di mana?
❻ Anda mau yang mana?
❼ Cari yang mana?

실전 연습

❶ Anda dari mana?
❷ Kamu mau ikut rapat yang mana?
❸ Saya harus pergi sampai mana?
❹ Mau ke mana?
❺ Orang tuamu ada di mana?
❻ Saya bisa beli yang mana?
❼ Anda tinggal di mana?

36. mengapa 왜

패턴 복습

1. Mengapa Anda suka bermain sepak bola?
2. Mengapa Anda terlambat?
3. Minta kasih tahu mengapa dia tidak mau.
4. Kamu tahu mengapa bapak sedang tertawa?
5. Akhir-akhir ini, mengapa cuacanya aneh?
6. Mengapa kamu beristirahat sekarang?
7. Mengapa mereka perlu handuk?

실전 연습

1. Mengapa Anda suka bermain piano?
2. Mengapa Anda marah?
3. Minta kasih tahu mengapa dia mau ini.
4. Kamu tahu mengapa kakek sedang tertawa?
5. Akhir-akhir ini, mengapa rasanya aneh?
6. Mengapa kamu bekerja sekarang?
7. Mengapa mereka perlu kursi?

37. berapa 얼마나

패턴 복습

1. Berapa lama Anda bekerja di sini?
2. Berapa jauh rumah Anda dari sini?
3. Berapa harga itu?
4. Berapa tinggi Anda?
5. Berapa orang yang akan hadir?
6. Di Indonesia ada berapa musim?
7. Sabunnya perlu berapa?

실전 연습

1. Berapa lama Anda tinggal di sini?
2. Seberapa jauh kantor Anda dari sini?
3. Maunya berapa?
4. Berapa berat badan Anda?
5. Berapa orang yang akan datang?
6. Di Korea ada berapa musim?
7. Sikat gigi perlu berapa?

38. Jam berapa 몇 시

패턴 복습

1. Jam berapa matahari terbit?
2. Jam berapa mau bertemu?
3. Kira-kira jam berapa akan dijemput?
4. Biasanya jam berapa kamu makan siang?
5. Jam berapa itu tutup?
6. Jam berapa tiba di sini?
7. Jam berapa naik pesawat?

실전 연습

1. Jam berapa ke perpustakaan?
2. Untuk jam berapa mau pesan?
3. Kira-kira jam berapa akan diantar?
4. Biasanya jam berapa kamu makan pagi?
5. Jam berapa itu buka?
6. Jam berapa berangkat dari sini?
7. Jam berapa pesawat tiba di sini?

39. berapa jam 몇 시간

패턴 복습

1. Anda menunggu di sini berapa jam?
2. Penerbangannya berapa jam?
3. Berapa jam perbedaan Jakarta dengan Seoul?
4. Berapa jam bayi tidur?

❺ Berapa jam sekali popok bayi harus diganti?
❻ Berapa jam Anda belajar setiap hari?
❼ Perlunya berapa jam?

실전 연습

❶ Anda memasak berapa jam?
❷ Berapa jam Anda bekerja?
❸ Berapa jam perbedaan Bali dengan Seoul?
❹ Berapa jam Anda menonton TV per hari?
❺ Berapa jam sekali baju bayi harus diganti?
❻ Berapa jam Anda berolahraga setiap minggu?
❼ Berapa jam Anda tidur setiap hari?

40. tanggal berapa 며칠에

패턴 복습

❶ Dari tanggal berapa liburan Lebaran akan dimulai?
❷ Sekitar tanggal berapa kamu akan pindah?
❸ Anda mau berlibur pada tanggal berapa?
❹ Pendaftarannya sampai tanggal berapa?
❺ Tanggal berapa Anda membuka tokonya?
❻ Besok tanggal berapa?
❼ Tanggal berapa Anda ke Jakarta?

실전 연습

❶ Dari tanggal berapa liburan akan dimulai?
❷ Sekitar tanggal berapa kamu akan ke sini?
❸ Itu mulai dari tanggal berapa?
❹ Sekolahnya sampai tanggal berapa?
❺ Tanggal berapa Anda mau pesan?
❻ Kemarin tanggal berapa?
❼ Tanggal berapa Anda tiba di sini?

41. berapa hari 며칠 동안

패턴 복습

❶ Untuk berapa hari?
❷ Sudah berapa hari?
❸ Berapa hari film itu ditayangkan di bioskop?
❹ Sudah berapa hari Anda sakit perut?
❺ Kamu tidak mengganti baju sudah berapa hari?
❻ Tutup tokonya berapa hari?
❼ Liburannya berapa hari?

실전 연습

❶ Maunya berapa hari?
❷ Sudah berapa hari Anda tinggal di Indonesia?
❸ Berapa hari Anda mau berjalan-jalan?
❹ Sudah berapa hari Anda sakit mata?
❺ Kamu tidak belajar sudah berapa hari?
❻ Berapa hari Anda bekerja?
❼ Pesta itu untuk berapa hari?

42. tahun berapa 몇 년도에

패턴 복습

❶ Tahun berapa Anda ke Indonesia?
❷ Anda menikah pada tahun berapa?
❸ Tahun berapa Belanda menjajah Indonesia?

❹ Tahun berapa kamu pulang ke kampung?
❺ Sekarang kuliah tahun ke berapa?
❻ Tahun berapa Anda mulai kerja?
❼ Tahun berapa Anda pindah?

실전 연습

❶ Tahun berapa Anda ke Korea?
❷ Tahun berapa Anda masuk perusahaan?
❸ Tahun berapa Jepang menjajah Korea?
❹ Tahun berapa kamu ke Bali?
❺ Tahun berapa Anda membatalkan asuransi?
❻ Tahun berapa Anda ke Indonesia pertama kali?
❼ Tahun berapa Anda bertemu dengan pacar pertama kali?

43. berapa tahun 몇 년 동안

패턴 복습

❶ Sudah berapa tahun kita kerja bersama?
❷ Pacarannya sudah berapa tahun?
❸ Sudah Berapa tahun kita pakai ini?
❹ Selama beberapa tahun?
❺ Sudah berapa tahun kamu memelihara burung itu?
❻ Sudah tinggal di Indonesia (selama) berapa tahun?
❼ Anda bekerja di sini sudah berapa tahun?

실전 연습

❶ Sudah berapa tahun kita belajar bersama?
❷ Menikahnya sudah berapa tahun?
❸ Sudah Berapa tahun kita membeli ini?
❹ Ini berlaku untuk berapa tahun?
❺ Sudah berapa tahun kamu memelihara kucing itu?
❻ Sudah tinggal di Korea (selama) berapa tahun?
❼ Anda pindah ke sini sudah berapa tahun?

44. bulan apa 몇 월

패턴 복습

❶ Bulan ini bulan apa?
❷ Musim kemarau biasanya bulan apa?
❸ Bulan apa pemilihan presiden (diadakan)?
❹ Kalian lahir bulan apa?
❺ Anda pergi dinas pada bulan apa?
❻ Bapak kembali pada bulan apa?
❼ Bulan apa yang cuacanya bagus?

실전 연습

❶ Bulan depan bulan apa?
❷ Bulan lalu bulan apa?
❸ Bulan apa upacara wisuda (diadakan)?
❹ Kalian pindah ke sini bulan apa?
❺ Anda pergi ke Korea pada bulan apa?
❻ Saya bisa membeli itu pada bulan apa?
❼ Bulan apa yang duriannya enak?

45. berapa bulan 몇 개월

패턴 복습

❶ Sejak (berumur) berapa bulan bayi tumbuh gigi?

❷ Berapa bulan tidak boleh naik pesawat saat hamil?
❸ Pakainya sudah berapa bulan?
❹ Berapa bulan lagi (kamu) lulus sekolah?
❺ Setiap berapa bulan itu dicek?
❻ Kerjanya sudah berapa bulan?
❼ Sudah berapa bulan Anda tinggal di Indonesia?

실전 연습

❶ Sejak (berumur) berapa bulan bayi bisa berjalan kaki?
❷ Berapa bulan boleh naik pesawat saat hamil?
❸ Anda minum obat ini sudah berapa bulan?
❹ Berapa bulan lagi kamu bisa pergi ke sekolah?
❺ Setiap berapa bulan Anda berjalan-jalan?
❻ Olahraganya sudah berapa bulan?
❼ Sudah berapa bulan Anda belajar bahasa Indonesia?

46. mungkin 아마도

패턴 복습

❶ Tidak mungkin.
❷ Minta secepat mungkin.
❸ Saya mungkin salah.
❹ Setahu saya dia mungkin agak gemuk.
❺ Selain itu, mungkin ada lagi.
❻ Mungkin toko itu sudah tutup.
❼ Mungkin harganya mahal.

실전 연습

❶ Mereka mungkin pacaran.
❷ Minta semurah mungkin.
❸ Saya mungkin betul.
❹ Setahu saya dia mungkin agak pendek.
❺ Mungkin masih ada 10.
❻ Mungkin toko itu terkenal.
❼ Mungkin harganya akan naik.

47. sekitar 대략/약

패턴 복습

❶ Kamu mau sekitar berapa butir telur?
❷ Sekitar jam berapa mau ke sana?
❸ Di sekitar sini ada toko buah?
❹ Sekitar berapa banyak?
❺ Harganya sekitar berapa?
❻ Waktunya sekitar berapa lama?
❼ Umurnya sekitar berapa?

실전 연습

❶ Kamu mau sekitar berapa buah semangka?
❷ Sekitar jam berapa mau ke sini?
❸ Di sekitar sini ada toko roti?
❹ Sekitar berapa orang?
❺ Tingginya sekitar berapa?
❻ Sekitar berapa kilometer?
❼ Sekitar berapa ekor?

48. banyak 많다

패턴 복습

❶ Terima kasih banyak.
❷ Banyak orang Indonesia datang ke Korea.
❸ Ada banyak sekali.
❹ Dia membawa banyak barang.
❺ Masalahnya ada banyak.

❻ Masih ada banyak.
❼ Beliau belajar banyak bahasa asing.

실전 연습

❶ Di Bali ada banyak obyek wisata.
❷ Nyamuk ada banyak di Indonesia.
❸ Mereka punya banyak uang.
❹ Dia membawa banyak orang.
❺ Aku punya banyak teman.
❻ Makanan masih ada banyak.
❼ Hari ini ada banyak kesempatan.

49. sedikit 적다

패턴 복습

❶ Minta gulanya sedikit saja.
❷ Harga BBM sedikit turun?
❸ Warnanya sedikit tua.
❹ Kepala saya sedikit pusing.
❺ Ikan itu sedikit asin.
❻ Ini sedikit aneh.
❼ Sekarang sedikit terlambat.

실전 연습

❶ Minta esnya sedikit saja.
❷ Harga air sedikit turun?
❸ Warnanya sedikit muda.
❹ Bahu saya sedikit sakit.
❺ Makanan itu sedikit asin.
❻ Ini sedikit pendek.
❼ Sekarang sedikit sibuk.

50. di ~에서

패턴 복습

❶ Kamar di rumah ini luas.
❷ Roti di toko itu enak.
❸ Saya tinggal di Bali.
❹ Sarung tangan ada di samping kursi.
❺ Apotek ada di sana.
❻ Lagi ada di mana?
❼ Di atas meja ada apa?

실전 연습

❶ Ruang keluarga di rumah ini luas.
❷ Mi goreng di toko itu enak.
❸ Saya tinggal di lantai 2.
❹ Sarung tangan ada di bawah kursi.
❺ Apotek ada di lantai 1.
❻ Kunci ada di mana?
❼ Di atas kulkas ada apa?

51. ke ~로

패턴 복습

❶ Mau ke mana?
❷ Berapa lama dari sini ke sana?
❸ Apa kamu tahu bagaimana cara (pergi) ke gunung Merapi?
❹ Tahun depan, kamu ke sekolah mana?
❺ Bunga mawar ini mau dikirim ke mana?
❻ Semua mahasiswa sudah pulang.
❼ Orang-orang pergi ke kantin.

실전 연습

❶ Mau ke rumah sakit?
❷ Berapa lama ke kantor polisi?
❸ Apa kamu tahu bagaimana cara (pergi) ke stasiun?
❹ Tahun depan, kamu ke Jakarta?
❺ Paket ini mau dikirim ke mana?
❻ Semua guru sudah pulang.
❼ Orang-orang pergi ke restoran terkenal.

52. dari ~로부터

패턴 복습

❶ Aku sudah lupa dari huruf A.
❷ Mulainya dari kapan?
❸ Merek ini dari negara mana?
❹ Hadiah ini dari siapa?
❺ Baunya dari mana?
❻ Bank itu dari Korea?
❼ Dia baru kembali dari kantor pos.

실전 연습

❶ Aku sudah lupa dari angka 1.
❷ Pacarannya dari kapan?
❸ Barang ini dari negara mana?
❹ Biaya pendidikan ini dari siapa?
❺ Anda dari mana?
❻ Dompet itu dari Korea?
❼ Dia baru kembali dari ATM.

53. untuk ~위해서

패턴 복습

❶ Alat ini untuk siapa?
❷ Uang ini untuk membeli celana dalam.
❸ Itu dipakai untuk makan siang.
❹ Cemilan ini untuk kapan?
❺ Anda belajar untuk apa?
❻ Saya bekerja untuk keluarga.
❼ Saya mau pesan tempat duduk untuk 3 orang.

실전 연습

❶ Minuman keras ini untuk siapa?
❷ Uang ini untuk membeli rok.
❸ Itu dipakai untuk berolahraga.
❹ Pakaian ini untuk kapan?
❺ Anda belajar untuk siapa?
❻ Saya bekerja untuk orang tua.
❼ Saya mau pesan untuk 5 orang.

54. sampai ~까지

패턴 복습

❶ Saya merasa kurang enak dari kepala sampai kaki.
❷ Dia bekerja dari jam 9 pagi sampai jam 6 sore.
❸ Sudah sampai?
❹ Sampai jumpa lagi.
❺ Harganya ada sampai Rp1.000.000,00.
❻ Aku sudah tahu sampai agamanya.
❼ Minta tunggu sampai mataharinya terbit.

실전 연습

❶ Memakan waktu 2 jam untuk sampai rumah.
❷ Dia bekerja dari jam 8 pagi sampai jam 5 sore.
❸ Dari mulai sampai selesai
❹ Selesaikan sampai besok.
❺ Harganya ada sampai Rp100.000,00.
❻ Aku sudah tahu sampai orang tuanya.
❼ Minta tunggu sampai jam 1 siang.

55. dengan ~와 함께

패턴 복습

❶ Dia pergi ke Korea dengan pesawat.
❷ Anakku makan dengan garpu dan sendok.
❸ Saya menulis dengan pensil.
❹ Kakaknya bisa berlari dengan cepat.

5. Saya akan berwisata dengan keluarga.
6. Kamu datang dengan siapa?
7. Kita bertemu dengan gembira.

실전 연습

1. Dia pergi ke Korea dengan kapal laut.
2. Anakku makan dengan tangan.
3. Saya menulis dengan bolpoin.
4. Adiknya bisa berlari dengan cepat.
5. Saya akan berwisata dengan teman.
6. Mereka memotong kayu dengan kasar.
7. Kami memotong kue dengan hati-hati.

56. seperti 처럼

패턴 복습

1. Minta seperti kemarin.
2. Saya mau seperti ini.
3. Seperti yang disebutkan sebelumnya
4. Dia melakukan seperti biasa saja.
5. Mereka berpura-pura seperti anjing.
6. Seharusnya seperti itu.
7. Dia ganteng seperti artis.

실전 연습

1. Minta seperti sebelumnya.
2. Seperti apa prosesnya?
3. Aturannya seperti apa?
4. Itu seperti apa sih?
5. Mereka berpura-pura seperti tikus.
6. Bisakah seperti itu?
7. Dia cantik seperti artis.

57. pada 에(시간)

패턴 복습

1. Saya mulai kerja pada jam 9 pagi.
2. Sekolahnya mulai pada bulan September.
3. Pada tahun 1922, dia berkunjung ke Lombok.
4. Saya lahir pada tanggal 30 Maret 2018.
5. Pada awalnya gempa bumi tidak begitu parah.
6. Pada akhirnya, aku lihat pemandangannya.
7. Pada waktu berjalan kaki, dia capai.

실전 연습

1. Saya mulai kerja pada jam 7 pagi.
2. Sekolahnya mulai pada bulan Maret.
3. Pada tahun 1980, dia berkunjung ke Lombok.
4. Saya lahir pada tanggal 27 Mei 2003.
5. Mari kita ketemu pada hari Rabu.
6. Pada akhirnya, aku lihat orang itu.
7. Pada waktu berjalan kaki, dia bahagia.

58. dan 그리고

패턴 복습

1. Saya suka nasi goreng dan sate domba.
2. Rasanya asin, manis, pedas, dan asam.
3. Warna bunga matahari kuning dan merah.
4. Drama Korea menarik dan menyenangkan.

❺ Pesertanya adalah saya dan suami saya.
❻ Aku membeli meja dan kursi.
❼ Dia memilihara anjing dan kucing.

실전 연습

❶ Saya suka mi goreng dan sate ayam.
❷ Rasa dan warnanya aneh.
❸ Sepupu dan keponakannya membuang sampah.
❹ Ibu dan saya menata meja.
❺ Saya menyeterika celana dan kemeja.
❻ Pesertanya adalah istri saya dan anak saya.
❼ Aku membeli pensil dan bolpoin.

59. kemudian 그러고 나서

패턴 복습

❶ Tutuplah jendela kemudian hidupkan AC.
❷ Lukislah pohon kemudian laut.
❸ Daftar dulu kemudian diperiksa.
❹ Lurus kemudian belok kanan.
❺ Putar balik kemudian berhenti
❻ Pakai baju kemudian keluar.
❼ Cuci tangan kemudian makan.

실전 연습

❶ Tutuplah pintu kemudian hidupkan AC.
❷ Lukislah gunung kemudian bunga.
❸ Belok kiri dulu kemudian putar balik.
❹ Belilah panci kemudian bawa ke sini.
❺ Cucilah penggorengan kemudian bawa ke sini.
❻ Berilah pembuka botol itu kepadanya kemudian terima uangnya.
❼ Hitunglah berapa gelasnya kemudian jual.

60. atau 또는

패턴 복습

❶ Saya pergi ke kantor naik motor atau ojek.
❷ Kamu mau menonton TV atau tidak?
❸ Kalian ada ujian bulan Juni atau bulan Desember.
❹ Mau minum apa, air atau jus?
❺ Kantor pajak ada di barat atau timur?
❻ Kamu mau naik taksi atau kereta api?
❼ Anda suka warna kuning atau warna merah?

실전 연습

❶ Saya pergi ke kantor naik bus atau kereta api.
❷ Kamu mau bertemu dengan dia atau tidak?
❸ Kalian ada ujian bulan Maret atau bulan September.
❹ Mau makan apa, sate ayam atau sate kambing?
❺ Kantor polisi ada di utara atau selatan?
❻ Aku akan menyiapkan bawang putih atau bawang merah.
❼ Ibu akan menyiapkan tomat atau jeruk.

61. tetapi 그러나

패턴 복습

1. Mangga ini mahal tapi rasanya sepat.
2. Kaus lebih nyaman tapi kurang sopan.
3. Aku tinggal di selatan tapi pacarku tinggal di utara.
4. Adik suka rok tapi aku suka celana.
5. Sepeda murah tapi bahaya.
6. Bubur ayam tidak hanya enak tetapi juga bagus untuk sehat.
7. Sepatu olahraga tidak murah tetapi mahal.

실전 연습

1. Mangga ini murah tapi rasanya enak.
2. Celana pendek lebih nyaman tapi kurang sopan.
3. Aku tinggal di timur tapi pacarku tinggal di barat.
4. Hari ini mendung dan sejuk tetapi baju saya terlalu tipis.
5. Mobil mahal tapi aman.
6. Pizza enak tetapi kurang bagus untuk kesehatan.
7. Sekarang berkabut dan berangin tetapi bajunya terlalu tipis.

62. walaupun 그럼에도 불구하고

패턴 복습

1. Walaupun sudah menutup jendela, saya merasa masih takut.
2. Walaupun anaknya sudah membersihkannya, kamarnya masih berantakan.
3. Walaupun sudah jam 11 malam, jalannya masih macet.
4. Walaupun masih muda, dia sudah meninggal.
5. Walaupun mahal, barangnya laris.
6. Walaupun kerja dengan rajin, saya miskin.
7. Walaupun bahasa Indonesia susah, saya suka belajarnya.

실전 연습

1. Walaupun sudah menutup pintu, saya merasa masih takut.
2. Walaupun Ibu sudah membersihkannya, rumahnya masih berantakan.
3. Walaupun sudah jam 11 malam, jalannya masih ramai.
4. Walaupun hujan, dia tetap pergi.
5. Walaupun itu bahaya, mereka tetap bisa.
6. Walaupun malas, dia kaya.
7. Walaupun susah, kamu tetap berusaha.

63. setelah ~한 후에

패턴 복습

1. Saya menari setelah menyanyi.
2. Mereka bermain tenis setelah wawancara.
3. Bapak kembali setelah bekerja.
4. Kami berkeringat setelah berolahraga.
5. Aku memasak setelah bangun.
6. Setelah kelas ini, mau berenang?
7. Setelah kuliah, mau menonton film?

실전 연습

1. Saya mandi setelah belajar.

❷ Mereka bermain bulu tangkis setelah wawancara.
❸ Setelah kelas ini, mau naik gunung?
❹ Kami berkeringat setelah berjalan kaki.
❺ Aku mencuci muka setelah bangun.
❻ Setelah berenang, mereka menonton film.
❼ Setelah hujan, dia berangkat.

64. selama ~하는 동안

패턴 복습

❶ Saya tinggal di rumah besar selama 9 tahun.
❷ Dia menyewa mobilnya selama 12 bulan.
❸ Selama ini mukanya pucat.
❹ Nenek tersenyum selama memberi salam.
❺ Saya berjalan-jalan ke Bandung selama liburan ini.
❻ Saya naik becak selama 6 jam.
❼ Mereka harus naik pesawat selama 7 jam.

실전 연습

❶ Saya tinggal di rumah kecil selama 10 tahun.
❷ Dia menyewa mobilnya selama setahun.
❸ Selama ini kelihatannya sedih.
❹ Nenek tertawa selama memberi salam.
❺ Saya berjalan-jalan ke Yogyakarta selama liburan ini.
❻ Saya menyewa rumah selama 6 bulan.
❼ Mereka harus belajar selama 3 jam.

65. sebelum ~하기 전에

패턴 복습

❶ Saya mengunci pintu sebelum berangkat.
❷ Kita menyeterika baju sebelum melipatnya.
❸ Ibu saya menyapu lantai sebelum mengepel.
❹ Dia berdandan sebelum pergi.
❺ Saya menukar uang sebelum uangnya habis.
❻ Saya bangun sebelum jam 5.30.
❼ Kucing tidur sebelum jam 5.45.

실전 연습

❶ Saya mengunci pintu sebelum tidur.
❷ Kita mencuci piring sebelum menata meja.
❸ Ibu saya membersihkan rumah sebelum mencuci baju.
❹ Dia menggosok gigi sebelum mandi.
❺ Saya menukar uang sebelum naik pesawat.
❻ Saya mengganti baju sebelum berenang.
❼ Mereka membeli cemilan sebelum menonton film.

66. sambil ~하면서

패턴 복습

❶ Mereka bersantai sambil mengobrol.
❷ Saya merasa kenyang sambil naik taksi.

❸ Bapak Seto bersantai sambil mendengarkan musik.
❹ Dia melepas jaketnya sambil duduk.
❺ Ia berlatih sambil berbaring.
❻ Kami meminta maaf sambil menangis.
❼ Aku meminta tolong sambil mengejar lelaki itu.

실전 연습

❶ Mereka menonton TV sambil makan.
❷ Saya berlari sambil merasa lapar.
❸ Bapak Seto minum obat sambil pergi ke sokolah.
❹ Dia pakai jaketnya sambil berjalan kaki.
❺ Ia marah sambil menangis.
❻ Kami menonton film sambil tertawa.
❼ Nenek menari sambil menyanyi.

67. ketika ~할 때

패턴 복습

❶ Jangan berisik ketika shalat.
❷ Ketika saya bersin, tidak ada tisu.
❸ Dia selalu diam ketika bingung.
❹ Saya hampir mati ketika melahirkan.
❺ Ibu bilang itu rahasia ketika memecahkan piring.
❻ Dia kesal ketika bertemu dengan Sri.
❼ Mereka cemas ketika menghadapi masalah itu.

실전 연습

❶ Jangan berisik ketika malam.
❷ Ketika saya ke toilet, tidak ada tisu.
❸ Dia selalu marah ketika bingung.
❹ Saya hampir mati ketika kecil.
❺ Ibu kaget ketika memecahkan piring.
❻ Dia kecewa ketika bertemu dengan Sri.
❼ Mereka sedih ketika menghadapi masalah itu.

68. jika ~라면

패턴 복습

❶ Jika saya membuka pintu, pasti akan mengganggu adikku.
❷ Jika lancar bahasa Indonesia, aku tidak usah belajar.
❸ Andai bisa terbang, aku mau ke Eropa.
❹ Jika terjadi kayak begini, bagaimana mengatasinya?
❺ Jika ada peluang, aku mau coba.
❻ Jika merugikan orang lain, saya akan bertanggung jawab.
❼ Jika polusi parah, manusia akan (berada) dalam bahaya.

실전 연습

❶ Jika saya menutup pintu ini, pasti akan aman.
❷ Andai aku orang Indonesia, aku tidak usah belajar bahasa Indonesia.
❸ Andai bisa terbang, aku mau ke Amerika.
❹ Jika terjadi kayak begini, bagaimana bisa sembuh?
❺ Jika ada peluang, aku mau bermain bulu tangkis.

⑥ Jika Anda bisa berenang, kita akan ke Bali.

⑦ Jika aku kaya, aku bisa memberi uang kepada kamu.

69. jadi 그래서

패턴 복습

① Saya rajin belajar jadi orang tua saya bangga.

② Bapak Budi orangnya sangat sombong. Jadi orang-orang benci sama dia.

③ Ayah selalu memberi uang saku jadi Rina senang.

④ Makanannya belum jadi.

⑤ Rapatnya tidak jadi.

⑥ Tadi hujan berhenti, jadi tidak usah membawa payung.

⑦ 3 hari yang lalu aku sudah berbelanja, jadi hari ini tidak usah.

실전 연습

① Saya rajin belajar jadi saya akan menghasilkan banyak uang.

② Bapak Budi sopan. Jadi orang-orang suka sama dia.

③ Ayah selalu sehat jadi Rina senang.

④ Laporannya belum jadi.

⑤ Berangkatnya tidak jadi.

⑥ Tadi hujan berhenti, jadi tidak usah khawatir.

⑦ 4 minggu yang lalu saya sudah bertemu dengan anak saya, jadi saya rindu dia.

70. karena 왜냐하면

패턴 복습

① Saya selalu mengantuk karena kurang tidur.

② Karena kencing sembarangan, polisi menangkapnya.

③ Karena dia terlalu sibuk, istrinya kesepian.

④ Karena mabuk, dia kehilangan jam tangannya.

⑤ Karena aku tidak pernah mendengarkan kata ayah, ibu memarahiku.

⑥ Aku memberi tanda tangan karena dia.

⑦ Orang tua menerima semuanya karena anaknya.

실전 연습

① Saya selalu mengantuk karena capai.

② Karena membuang sampah sembarangan, polisi menangkapnya.

③ Karena dia terlalu sibuk, dia tidak bisa berolahraga.

④ Karena mabuk, dia kehilangan sepatunya.

⑤ Karena aku suka berbelanja, aku tidak bisa menabung.

⑥ Karena aku memberi tanda tangan, aku rugi.

⑦ Orang tua tidak bisa membeli itu karena miskin.

70 패턴

인도네시아어로 쉽게 말하기